"ධම්මෝ හි වාසෙට්ඨා, සෙට්ඨෝ ජනේතස්මිං
දිට්ඨේ චේව ධම්මේ, අභිසම්පරායේ ච."

වාසෙට්ඨයෙනි, මෙලොවෙහි ත්, පරලොවෙහි ත්
ජනයා අතර ධර්මය ම ශ්‍රේෂ්ඨ වෙයි !

- අග්ගඤ්ඤ සූත්‍රය - භාගයවත් බුදුරජාණන් වහන්සේ

නුවණ වැඩෙන බෝසත් කථා - 39

ජාතක පොත් වහන්සේ

(සේනක වර්ගය)

පූජ්‍ය කිරිබත්ගොඩ ඤාණානන්ද ස්වාමීන් වහන්සේ

ISBN : 978-955-687-167-8

ප්‍රථම මුද්‍රණය : ශ්‍රී බු.ව. 2562 නිකිණි මස පුන් පොහෝ දින

සම්පාදනය : මහමෙව්නාව භාවනා අසපුව
වඩුවාව, යටිගල්ඔළුව, පොල්ගහවෙල.
දුර : 037 2244602
info@mahamevnawa.lk | www.mahamevnawa.lk

පරිගණක අකුරු සැකසුම, පිටකවර නිර්මාණය සහ ප්‍රකාශනය :
මහාමේඝ ප්‍රකාශකයෝ
වඩුවාව, යටිගල්ඔළුව, පොල්ගහවෙල.
දුර : 037 2053300, 076 8255703
mahameghapublishers@gmail.com

මුද්‍රණය : ලීඩ්ස් ග්‍රැෆික්ස් (පුද්.) සමාගම,
අංක 356E, පන්නිපිටිය පාර, තලවතුගොඩ.
ටෙලි: 011-4301616 / 0112-796151

නුවණ වැඩෙන බෝසත් කථා - 39

ජාතක පොත් වහන්සේ

(සේනක වර්ගය)

සරල සිංහල පරිවර්තනය

පූජ්‍ය කිරිබත්ගොඩ ඤාණානන්ද ස්වාමීන් වහන්සේ

මහාමේඝ
MAHAMEGHA

ප්‍රකාශනයකි

පෙරවදන

ජාතක පොත් වහන්සේ ඔබ කියවලා ඇති. කුඩා අවධියේත්, පාසලේදීත්, සරසවියේත්, පන්සලේ බණ මඩුවේත්, වෙසක් නාඩගමේත් අපි ජාතක කථා රස වින්දෙමු. නමුත් එහි සැබෑ අරුත කුමක් දැයි තේරුම් ගන්නට අප සමත් වූ වගක් නම් නොපෙනේ.

'නුවණ වැඩෙන බෝසත් කථා' නමින් ඒ ජාතක කථා ඔබේම භාෂාවෙන් ඔබට කියවන්නට ලැබෙන්නේ එයින් ඉස්මතු වන අරුතත් සමඟිනි. මෙහි අරුත් දැන එම කථාවත් මතක තබා ගෙන සත්පුරුෂ ගුණධර්ම දියුණු කර ගන්නට මහන්සි ගන්නේ නම් එය ජාතක කථාවෙන් ඔබට ලැබෙන සැබෑම ප්‍රතිඵලයයි.

හැම දෙනාටම තෙරුවන් සරණයි!

මෙයට,
ගෞතම බුදු සසුන තුළ මෙත් සිතින්,
පූජ්‍ය කිරිබත්ගොඩ ඤාණානන්ද ස්වාමීන් වහන්සේ
ශ්‍රී බුද්ධ වර්ෂ 2560 ක් වූ වෙසක් මස 31 දා

මහමෙව්නාව භාවනා අසපුව
වඩුවාව, යටිගල්ඔළුව,
පොල්ගහවෙල.

පටුන

39. සේනක වර්ගය

නමෝ තස්ස භගවතෝ අරහතෝ සම්මාසම්බුද්ධස්ස
ඒ භාග්‍යවත් අර්හත් සම්මා සම්බුදුරජාණන් වහන්සේට නමස්කාර වේවා!

01. බරපුත්ත ජාතකය

අශ්වයාගේ මාර්ගයෙන් සේනක රජු බේරාගත් කතාව

පින්වතුනේ, පින්වත් දරුවනේ,

අපි මේ ජීවිතයේ ඇතැම් අයත් සමඟ දැඩි සේ හිතවත් වෙනවා. ඔවුන්ව තදබල ලෙස විශ්වාස කරනවා. නමුත් ඒ අය එහෙම නෑ. ඒ අය ඉතාම අවස්ථාවාදී ලෙස ඔවුන්ට වාසි සහගත ආකාරයටයි අපිව ඇසුරු කරන්නේ. ඔවුන්ට අපෙන් වාසි නොලැබෙන කොට අපව ඕනෑම විපතක හෙලා වුණත් තම අදහස් ඉෂ්ට කරගන්ට ඔවුන් සූදානම්. මේ එබඳු කතාවක්.

ඒ දිනවල අපගේ භාග්‍යවතුන් වහන්සේ වැඩ වාසය කොට වදාළේ සැවැත් නුවර ජේතවනයේ. ඔය දවස්වල සැවැත් නුවර වාසය කළ එක්තරා සැමියෙක් තම බිරිඳට දන්වා භාග්‍යවතුන් වහන්සේ ළඟ පැවිදිව සිටියා. මේ භික්ෂුවගේ ගිහි කළ බිරිඳ තම සැමියා පැවිදිව ටික කලක් ගතවෙද්දී ඔහු සිවුරේ ඉන්නවාට කැමති වුණේ නෑ. මොහුව කොහෝම හරි සිවුරු හරවා නැවතත් තමන් ළඟට ගන්ට ඕනෑ ය යන අදහස ඇති වුණා. තම

ගිහි කළ බිරිඳගේ බලපෑම නිසා මේ භික්ෂුවට ධර්මයේ හැසිරීමේ ආසාව ටිකෙන් ටික අඩු වුණා. සිතේ සතුට නැති වුණා. ගිහිවෙන්ට ඕනෑය යන අදහස ම ඇති වුණා. එතකොට මේ භික්ෂුව තමන්ගේ අපහසුතා ආචාර්ය උපාධ්‍යායන් වහන්සේලාට කියා හිටියා. උන්වහන්සේලා මේ භික්ෂුව කැඳවාගෙන භාග්‍යවතුන් වහන්සේ ළඟට ගියා. භාග්‍යවතුන් වහන්සේ ඒ භික්ෂුවගෙන් මෙසේ ප්‍රශ්නකොට වදාළා.

"හැබෑද භික්ෂුව, දැන් ඔබ ධර්මය මෙනෙහි කරගන්ට බැරිව මහත් අපහසුවකින් ඉන්නවා ය කියන්නේ? සිවුරු හරින්ට හිතෙනවා ය කියන්නේ?"

"එහෙමයි ස්වාමීනී."

"මොකක්ද ඔබට පැවිදි ජීවිතය ඔතරම්ම එපාවෙන්ට හේතුව?"

"අනේ ස්වාමීනී, අපේ ගෙදර මායියාගෙන් බේරෙන්ට බෑ. උන්දෑ එක එකා අත පයිංඩ එවනවා. මං නාවොත් උන්දැ මොකාක් හරි විපැත්තියක් කරගන්නවාලු. ඉතින් එහෙම උනොත් මං නිසාලු එහෙම වෙන්නේ... ඉතින්... ඒ... ඒ... නිසයි ස්වාමීනී, මං සිවුරු හැර යන්ට සිතුවේ."

"භික්ෂුව, ඔය ස්ත්‍රිය කවුද කියා ඔබ දන්නවා ද? කලින් ආත්මෙක ඔය ස්ත්‍රිය නිසා ඔබ ගින්නට වැදී මැරෙන්ට සූදානම්ව උන්නා. නුවණැති පණ්ඩිතයන්ගේ උපදෙස් නිසයි එදා ඔබේ ජීවිතය බේරුනේ. ඔය ස්ත්‍රිය බලන්නේ තමන් ගැන විතරයි. ඔබට ඕනෑම අනර්ථයක්

කරන්ට ඇට පුළුවනි" කියා භාග්‍යවතුන් වහන්සේ මේ අතීත කතාව ගෙනහැර දක්වා වදාළා.

"මහණෙනි, ගොඩාක් ඉස්සර කාලෙක බරණැස්පුරේ සේනක නමින් රජ්ජුරු කෙනෙක් රාජ්‍ය විචාරමින් සිටියා. ඔය කාලේ බෝධිසත්වයෝ තව්තිසාවේ සක්දෙව්රජව ඉපිද සිටියා. ඒ දවස්වල බරණැස සේනක රජ්ජුරුවෝ එක්තරා නාග රාජයෙක් සමඟ මිත්‍රත්වයෙන් වාසය කළා. මෙහෙමයි ඒ මිතුරුකම ඇති වුණේ. දවසක් ඔය නා රජ්ජුරුවෝ නාග භවනයෙන් නික්ම ඇවිත් පොළොවේ ගොඩබිම ගොදුරු සොයමින් හැසිරුණා. එතකොට ගමේ කොලු රැනක් "මේං නයෙක්" කියලා ගල් පොලුවලින් ගහන්ට පටන්ගත්තා. ඔය අවස්ථාවේ සේනක රජ්ජුරුවෝ උයන් කෙළියට යමින් සිටියේ. රජ්ජුරුවෝ මේ කොලු ගැටව් නයෙකුට ගහනවා දැක්කා. දැකලා... "ළමයිනේ... ඔය නයාට හිරිහැර කරන්ට එපා. එලවා දමාපන්" කියලා නාගයාට පලායන්ට සැලැස්සුවා.

නා රජ්ජුරුවෝ පණ බේරාගෙන නාග භවනට ගියා. ගිහින් බොහෝ රත්රුවන් අරගෙන මැදියම් රාත්‍රියේ සේනක රජ්ජුරුවන්ගේ ශ්‍රී යහන් ගබඩාවට ගොහින් ඒවා රජ්ජුරුවන්ට දීලා මෙහෙම කිව්වා. "රජතුමනි, තොප නිසයි එදා මයෙ ජීවිතය රැකගන්ට ලැබුණේ. ඒකයි මං මේ නාග ලෝකෙන් තෑගිභෝග ගෙනාවේ. මං තොපත් සමඟ මිතුරුකොමක් ඇතිකරගන්ට සතුටුයි" කියා වරින් වර ඇවිත් සේනක රජ්ජුරුවෝ මුණ ගැහෙනවා. දවසක් මේ නා රජු තමන්ගේ නා මෙනෙවියන් අතුරෙන් කාම සේවනයෙහි සෑහීමට පත් නොවෙන එක්තරා නා මෙනෙවියක් රජ්ජුරුවන්ගේ ආරක්ෂාව පිණිස ළඟට කැඳවාගෙන ආවා. "මහරජුනි... මේ නා මෙනෙවිය

පේන්ට නැතිව ගියොත් මේ මන්ත්‍රය කියන්ට. එතකොට මෑ කොහේ හිටියත් ඔබට පෙනේවි" කියලා මන්තරයකුත් දුන්නා.

දවසක් රජ්ජුරුවෝ අර නා මෙනෙවියත් එක්ක ජලක්‍රීඩා කරන්ට පොකුණට ගියා. නා මෙනෙවිය පොකුණේ සිටිද්දී ජලයේ සිටිය දියබරියෙක් දැකලා රාගය ඇවිස්සුණා. එතකොට ඇ මිනිස් වෙස් අත්හැර ප්‍රකෘති නාග වේශයෙන් දියබරියා වෙත ගිහින් අනාචාරයේ හැසිරුණා. 'මේ දැන් ජලයේ සිටි නා මෙනෙවිය අතුරුදහන්ව ගියා නොවැ. ඇ කෝ... කොහේ ගිහින් ද?' කියා සේනක රජ්ජුරුවෝ ඇව සොයාගන්ට මන්තරය මැතිරුවා. එතකොට ඇය නයි වේශය ගෙන දියබරියෙක් එක්ක නරක වැඩ කරනවා දකින්ට ලැබුණා. එයින් කලකිරුණු රජ්ජුරුවෝ නා මෙනෙවියට උණ පතුරකින් දෙකක් තැලුවා.

නාග කන්‍යාවට මේ ගැන හොඳටෝම කේන්ති ගියා. ඇ හඬ හඬා නාග භවනට ගියා. නා රජ්ජුරුවෝ හඬමින් ආ නා මෙනෙවියගෙන් මෙහෙම ඇසුවා. "හෑ... මොකෝ මේ... ඇයි මිනිස් ලොව ඉඳන් මේ හඬාගෙන එන්නේ?"

"හනේ... මට නං ආයේ තොපගේ මිත්‍ර රජ්ජුරුවෝ ළඟට යන්ට බෑ. මං ඔහුගේ වචනය අහන්නැතෙයි කියලා මේ බලන්ට මයෙ පිටට පහර දුන් හැටි!" කියා උණ පතුර වැදිච්චි තැන පෙන්නුවා. සැබෑ කරුණු නොදත් නා රජ්ජුරුවෝත් කිපුනා. නාග මානවකයන් සතර දෙනෙක්ව කැඳෙව්වා. "මේ මෙහෙ වර... දැන් තොපි ගොහින් බරණැස නුවරට, සේනක රජ්ජුරුවන්නේ යහන්

ගබඩාවට පිවිසෙන්ට ඕනෑ. නාසා පුඩුවලින් විස දුම් පිට කොරලා ඔය සේනකයාව බොල් වී මිටක් විසුරුවන්නැහේ මැරෙන්ට සලස්සන්ට ඕනෑ."

එතකොට ඒ නාග මානවකයෝ සතර දෙනා බරණැසට ගියා. රජ්ජුරුවෝ සිරි යහනේ සැතපී සිටියදී යහන් ගැබට ඇතුල් වුණා. ඔවුන් එහි ඇතුලු වෙන වේලාවේ රජ්ජුරුවෝ යහනේ සැතැපී දේවියත් එක්ක කතා කරමින් හිටියේ.

"සොඳුර... දන්නවැයි අද නා මෙනෙවිය ගිය දිහා?"

"නෑ... දේවයනි... ඇයි මක්වුණාද?"

"බලන්ට දේවී... අද අපිත් එක්ක පොකුණට නාන්ට ගිය වෙලාවේ නා මෙනෙවිය තමන්ගේ වේශය අත් හැරලා පොකුණේ උන් දියබරියෙක් එක්ක අනාචාරයේ හැසිරෙන්ට පටන් ගත්තා නොවැ. එතකොට ඒ බව මං දැක්කා. දැකලා ආයෙමත් මෙවැනි වැඩ කරන්ට එපාය කියලා ඇයව හික්මවා ගැනීමේ අදහසින් මං උණ පතුරකින් දෙකක් තැලුවා. දැන් ඈ නාග භවනට ගොහින් මගේ මිත්‍ර නා රජුට මොනවා හරි වෙන කේළමක් කියලා අපි දෙන්නාගේ හිතවත්කම නැති කරාවිද දන්නෑ. එහෙම වුණොත් මට අනතුරක් වෙන්ට ඉඩ තියෙනවා."

සේනක රජුගේ මේ කතාව අර නාග මානවකයන්ට අසන්ට ලැබුණා. එතකොට ඔවුන් රජ්ජුරුවන්ට අනතුරක් නොකොට එතැනින් ම හැරී නාග භවනට ගියා. ගිහින් නා රජුට මේ විස්තරේ කිව්වා. එය ඇසූ නා රජු මහත් කණගාටුවට පත් වුණා. ඒ වේලාවේ ම බරණැසට ගියා.

රජ්ජුරුවන්ගේ සිරි යහන් ගැබට ගියා. ඒ යද්දී එතැන සිටියේ රජ්ජුරුවෝ විතරයි. රජ්ජුරුවෝ ඉදිරියේ පෙනී සිටියා.

"මහරජ... මං ආවේ ඔබගෙන් සමාව ගන්ටයි. ඔබට එවාපු අපේ නාගමානවිකාව මා ළඟට ඇවිත් මාව කෝප ගන්වන ලෙස බොරු කීවා. මටත් ඔබ ගැන කෝපයක් ඇති වුණා. නමුත් ඔබ දේවියත් සමඟ සත්‍ය කතාව කියනවා අපේ වෙනත් නාග මානවකයන් අසාගෙන ඉඳලා මට ඇවිත් කිව්වා. මං එයාලාව එව්වේ ඔබට අනතුරු කරන්ට. ඒක මගෙන් සිදු වූ වැරැද්දක්. ඒ ගැන මට සමාවනු මැනව. එයට මට දඬුවම් පමුණුවා ගැනීම පිණිස මං ඔබට මහා වටිනා මන්තරයක් දෙනවා. ඕනෑම කෙනෙක් කතා කරන දේ මේ මන්තරේ ආනුභාවෙන් තේරුම් ගන්ට ඇහැකි. මේක මහරජ, මහා අනර්ඝ මන්තරයක්. හැබැයි මේ මන්තරේ වෙන කාටවත් දෙනවා නම් දීපු සැණින් ඔබට ගින්නට වැදී මැරෙන්ට සිදු වෙනවා."

"හා... ඒකට කමෙක් නෑ. මං මන්තරේට කැමතියි." එතකොට නා රජ්ජුරුවෝ සේනක රජුට ඒ බලසම්පන්න මන්තරේ දුන්නා.

එදා පටන් රජ්ජුරුවන්ට කුඹියෙකුගේ කතාව පවා අහන්ට පුළුවනි. දවසක් රජ්ජුරුවෝ උඩු මහලේ ඉඳන් මී පැණියි, උක් පැණියි යෙදූ කැවිලි කකා සිටියා. එතකොට එයින් මී පැණි බිඳුවකුයි උක් පැණි බිඳුවකුයි කැවුම් කැබැල්ලකුයි බිම වැටුණා. එතන බිම සිටිය කුඹියෙක් ඒක දැක්කා. දැකලා අනිත් කුඹින්ට මහ හඬින් කෑ ගසා මෙහෙම කිව්වා.

"ඒයි මිතුරනේ වරෝ... හනික වරෝ... මේ උඩු මහලේ රජ්ජුරුවන්නේ මී පැණි හට්ටිය බිඳුනා... පැණි කරත්තෙකුයි, කැවුම් කරත්තෙකුයි මුනින් හැලුනා. වරෝ... හනික පැණියි, කැවුමුයි කන්ට වරෝ...!"

මෙය ඇසූ රජ්ජුරුවන්ට හිනා ගියා. ළඟ සිටිය දේවිය 'ම්... ම්... ම්... මොකෝ මේ අපේ රජ්ජුරුවෝ නිකරුණේ හිනැහෙන්නේ.... මොකක්වත් දැකලාවත් ද?' කියා සිතන්ට පටන් ගත්තා.

එදා රජ්ජුරුවෝ පැණි කැවුම් කාලා දිය නාලා කවිච්චියේ වාඩි වෙලා උන්නා. එතකොට එතැන සිටිය මැස්සියකට මැස්සෙක් මෙහෙම කිව්වා. "අනේ සුදියේ... මෙහෙ වරෙන්... වරෙන් කො ඉතින් නරක වැඩ කරන්ට."

"හාපෝ... දැන් ම බෑ අනේ... පොඩ්ත්තක් ඉන්ටකෝ... දැන් රජ්ජුරුවන්ගේ ඇඟේ තවරන්ට සුවඳ වර්ග ගේනවා. එතකොට ඒ සුවඳ කුඩු ඇඟ තවරද්දී රජ්ජුරුවන්ගේ පාමුල වැටෙනවා. මං එතකොට ඒ බිම වැටුණ සුවඳ කුඩු බිඳුවක පෙරලී සුවඳ තවරා ගන්නවා හොඳේ. ඊට පස්සේ අපි දෙන්නා රජ්ජුරුවන්නේ පිට මැද වැතිරී ඔයා ආසා කරන ඒ නරක වැඩේ කොම්මු අනේ... හරි නේ!" මෙය ඇසූ රජ්ජුරුවන්ට හයියෙන් හිනා ගියා. 'ඕ... හෝ... ආයෙමත් රජ්ජුරුවෝ හිනැහුනේ... මොකක්ද එතකොට දැක්කේ?' කියා දේවී සිතන්ට පටන්ගත්තා.

එදා ආයෙමත් සවස් යාමේ රජ්ජුරුවෝ බත් අනුභව කරද්දී බත් ඇටයක් බිම වැටුණා. එතකොට කුඹි කෑ ගසන්ට පටන් ගත්තා. "ඒයි මිතුරනේ වරෝ... රජගෙදර බත් කරත්තේ බිඳුනෝ... බත් කන්ට වරෝ!" රජ්ජුරුවන්ට එතකොටත් හිනා ගියා. දේවියත් රන් හැන්ද

අතට ඇන්න රජ්ජුරුවන්ට බත් වෑංජන් බෙදද්දී 'මං ගැන වෙන්ටැති රජ්ජුරුවෝ හිනැහෙන්නේ' කියා සිතුවා.

දේවිය රජ්ජුරුවෝ සමඟ සයනයේ වැතිර සිටියදී මේ ගැන අහන්ට පටන් ගත්තා. "දේවයන් වහන්ස, ඇත්තටම මොකද ඔබවහන්සේ වරින් වර තනියම හිනාවෙන්නේ?"

"ආ... මේං වැඩක්... මයෙ හිනාව ගැන ඔයාට මොටද?"

"ඇයි දේවයන් වහන්ස, එහෙම කියන්නේ...? එහෙම බෑ... මට නං දැනගන්ට ම ඕනෑ" කියමින් නැවත නැවත පෙරැත්ත කරද්දී රජ්ජුරුවෝ තමන්ට නාගලෝකයෙන් මන්ත්‍රය ලැබුණු හැටි කිව්වා. එතකොට දේවිය මෙහෙම කිව්වා.

"අනේ දේවයන් වහන්ස, මටත් ඕනෑ ම යි ඒ මන්තරේ."

"හාපෝ... බෑ... ඒක කාටවත් ම දෙන්ට මං දෙන්නේ නෑ."

"ඔය... ඔය බලන්ට... අනේ... මයෙ දේවයන් වහන්ස, එහෙම නොවෙයි... වෙන කාටවත් මක්කටෙයි දෙන්නේ... මට විතරක් දෙන්ට... අනේ... මෙයා... මට ඒ මන්තරේ දෙන්ටකෝ... ඉහි... ඉහි..."

"මේකනේ දේවී... එදා මං ඒ නා රජ්ජුරුවන්ට පොරොන්දු වුණා මං මේ මන්තරේ කාට හරි දුන්නොත් ඊට පස්සේ මං ගින්නට පැනලා මැරෙනවා ය කියලා.

ඉතින් මං ඔයාට මේ මන්තරේ දුන්නොත් මට ගිනි වැදිලා මැරෙන්ට වෙනවා."

"කමක් නෑ අනේ... ඒක ඉතින් ඔබවහන්සේ තීරණය කරන එකක් නේ... ඕං... මට නම්... මන්තරේ ඕනෑ... ඕනෑ... ඕනෑ ම යි."

ස්ත්‍රී වසඟයට පත් රජ්ජුරුවෝ "හොඳයි එහෙම නං ඔයා මන්තරේ ඕනෑ ම කියන නිසා දෙන්නම්" කියා පිළිතුරු දුන්නා. 'හ්ම්... මොනා කරන්ට ද... එහෙනම් මං දේවිට මන්තරේ දීලා ගින්නට පැනලා මැරෙනවා' කියා රජ්ජුරුවෝ හිත හදාගෙන රථයෙන් උයනට ගියා.

ඒ අවස්ථාවේ සක්දෙව්රජු ලොව දෙස බලද්දී මෙය දැක්කා. 'අයියෝ... මේ අඥාන රජ්ජුරුවෝ ලාමක ස්ත්‍රියක් නිසා ගින්නට වැදිලා මැරෙන අදහසින් උයනට යනවා නොවැ. මං මොහුගේ ජීවිතය බේරාගන්ට ඕනෑ' කියා සුජා නමැති අසුර කන්‍යාවත් රැගෙන දෙව්ලොවින් නික්ම බරණැස පහළ වුණා. දැන් සුජා එළිච්චියක්. තමන් එළුවෙක්. තම දෙදෙනා මහජනයාට නොපෙනෙන්ට අධිෂ්ඨාන කළා. දැන් ඒ එළුවයි, එළිච්චියයි රථයේ සෛන්ධව අසුන්ටත් පේනවා. රජුටත් පේනවා. වෙන කාටවත් ම පේන්නේ නෑ.

තමන්ගේ කතාව පටන් ගන්ට ක්‍රමයක් පිණිස අර එළුවා, එළිච්චිය සමඟ මහමාවතේ අනාචාරයේ හැසිරෙන ආකාරයක් පෙන්නුම් කළා. මේ දෙන්නාගේ නරක වැඩේ රථයේ බැඳ හුන් සෛන්ධව අසුන්ට දැකගන්ට ලැබුණා. අශ්වයෝ ඒ ගැන එළුවන්ට මෙහෙම කීවා.

"එළු මිතුර... චීයා... අපි කලින් නම් අසා තිබුනා තමයි එළුවන්ට ලැජ්ජා නැතෙයි කියා. ඒ වගේම ඒකුන්ට නුවණත් නැතෙයි කියා. දැන් අපට ඇස්පනාපිට දකින්ට ලැබෙන දෙයින් අපි ඇසූ දේ හරිය කියා පේනවා. ඇයි ඕයි... ටිකාක් ආවරණය වූ තැනක කරන්ට ඕනෑ දේ මේ හැමෝටම පේන්ට විලිලැජ්ජා නැතිව කොරන්නේ! හැබෑට ඔහේලාට ලැජ්ජා නැතෙයි? අපි කලින් ඔහේලා ගැන අසා තිබූ දේ නම් හරියට හරි... ෂෑ... ෂෑ... වැඩේ හරි නෑ" කියා මේ පළමු ගාථාව පැවසුවා.

(1)

එළුවා නම් ඔළමොට්ටල සතෙක් කියා
නුවණැත්තන් කියූ කරුණ සැබැයි සැබැයි
රහසේ කළ යුතු දේ ගැන නොදන්න මේ අනුවණයා
එළිපිට කැත වැඩ කරනා හැටි හපොයි බලන්

මෙය ඇසූ එළුවා අශ්වයන් අමතා මේ ගාථාවන් පැවසුවා.

(2)

එම්බා මිතුර කොටළු පුත්‍රය,
දන්නවා ද මටත් වඩා අනුවණයෙකි නුඹ
වියගසෙහි දමා තොපේ බෙල්ල ඇත රැහැණින් බැඳ
එම්බල යටට හැරුණු තොල් ඇති සත්වය,
කටකැලියාවෙන් බැඳලා ඇත හනේ තොපගෙ කට

(3)

එම්බල මිතුර තොපේ තවත් මෝඩකමක් ඇත
පලායන්ටවත් නොදනියි තොප ලිහා දැමූ විට
සේනක නම් රජෙකුව නංවාගෙන යනවා තොප
අපි දෙන්නාටත් වඩා ඔලමොට්ටල මෝඩයෙක් ඒ රජ

එතකොට සේනක රජ්ජුරුවෝ මේ සතුන්ගේ කතාවට ඇහුම්කන් දී ගෙන සිටියා. තව දුරටත් එය අසන්ට ඕනෑ නිසා රථය සෙමෙන් පැදෙව්වා. එළුවාගේ ගාථාවන් ඇසූ අශ්වයාත් ආයෙමත් මේ ගාථාව පැවසුවා.

(4)

එම්බල එළුරජෝ මාත් -
මෝඩයෙක් ය කියලා තොප දන්නවා
ඇයි සේනක රජා හටත් මෝඩයා ය කියන්නෙ තොප
මං විමසන මේ කරුණට උත්තරයක් දියං මිතුර

එතකොට එළුවා මේ පස්වැනි ගාථාව කිව්වා.

(5). **සියලු අරුත් දැනගන්නා**
උතුම් මන්ත්‍රයක් රජාට ලැබිලා ඇත්තේ
එය දැන් තම බිරින්දෑට දෙන්ටයි යන්නේ
එනිසා වැඩ වරදින්නේ
තමන්ට මැරෙන්ට වෙන්නේ -
බිරිඳත් නොලැබී යන්නේ

එළුවාගේ මේ කතාවට සවන් දුන් සේනක රජුට සිතුණේ මේ නම් සාමාන්‍ය එළුවෙක් නොව තමන්ගේ යහපත පිණිස පැමිණි විශේෂ කෙනෙක් කියලයි. එතකොට රජ්ජුරුවෝ එළුවාගෙන් මෙහෙම ඇසුවා.

"අනේ එළු රජෝ... අපට සෙතක් සලසනවා නම්, දැන් තොපට පමණයි එය කරන්ට පුළුවන්. අනේ බොලේ කියාපන්. මං දැන් මොකක්ද කරන්ට ඕනෑ?"

"එම්බල මහාරජ, මේ ලෝකේ ඉන්නා හැමෝටම තමන්ට වඩා ප්‍රිය මනාප වෙනත් අයෙක් නෑ. ඒ නිසා තමන්ට තමාගේ බිරින්දෑ ප්‍රියයි කියා උන්දැ නිසා තමාත්

නසාගෙන තමන් සන්තක සියලු යස ඉසුරු නසා ගන්න එක වටින්නේ නෑ නොවැ" කියා මේ ගාථාව පැවසුවා.

(6). එම්බල රජ්ජුරුවෙනි තොප -
මගේ බිරිඳ මට ප්‍රියයි කියා
නැති කරගත් විට තමන්ගෙ ජීවිතේ -
තමන් කැමති දේ කොහොමෙයි ඇසුරු කරන්නේ
ලොවේ තියෙන සියලු උතුම් දේට වඩා
තමාට උතුම් වන්නේ තමාව ම යි
තම දිවි රැකගන්නා කෙනාට නම්
තමා ආසා දේ ලබන්ට පුළුවන් වන්නේ

මෙය ඇසූ සේනක රජු මහත් සේ සතුටු වුණා. "හනේ රජෝ... මට ඇත්ත කියාපං. ඔයා කොහෙන් ද මේ මං ළඟට ආවේ?"

"මහරජ, මං සක් දෙවිඳු. ඔබට ඇති අනුකම්පාවෙන් ඔබව මරණයෙන් බේරාගැනීමේ අදහසින් මං ආවේ."

"හනේ දෙවිය, ඒ වුණාට මං උන්දැට කිව්වා නොවැ මන්තරේ දෙනවැයි කියාලා. දැන් මං මොකද කරන්නේ?"

"මහරජ, ඔය දෙන්නා ම විනාශ වෙන එකේ තේරුමක් නෑ. ඕකට මෙහෙම කරන්ට. මන්තරේ ඉගෙන ගන්ට කලියෙං ශිල්පයට කළ යුතු උපචාර විදියක් තියෙනවා කියන්ට. කස පහර සියයක් කන්ට ඕනෑ, ඊට පස්සෙයි මන්තරේ ගන්ට වෙන්නේ කියා කියන්ට. එතකොට ඈ මන්තරේ ගන්නේ නෑ."

මේ විදිහට අවවාද කළ සක් දෙවිඳු නොපෙනී ගියා. රජ්ජුරුවෝ උයනට ගියා. දේවිය කැඳවාගෙන

එන්ට කිව්වා. දේවිය පැමිණියා.

"හරි... සොඳුරී... දැන් ඔයා මන්තරේ ගන්නවා ද?"

"අනේ... ඔව් ස්වාමීනී, අනේ දේවයන් වහන්ස, මට ඒ මන්තරේ ඕනෑ ම යි."

"හරි... එහෙනම් මං දැන් මන්ත්‍රය දෙන්ට කලින් තියෙන පූර්ව කෘත්‍යය කරනවා."

"මොකක්ද දේවයන් වහන්ස, පූර්ව කෘත්‍යය?"

"දැන් ඔයාගේ පිටට කස පහරවල් සීයක් ගහනවා. මීක් කියාවත් සද්ද කොරන්ට බෑ ඕං."

එතකොට ඈ මන්ත්‍ර ලෝභයෙන් "හා... මං කැමතියි" කීවා.

රජ්ජුරුවෝ වධකයා කැඳෙව්වා. කසේ දීලා ඇගේ ඉදිරියට යි පසුපසට යි පහර දෙන්ට කිව්වා. ඈ පහර දෙක තුනක් ඉවසුවා. "ඌයි... අයි අයියෝ... මට ඉවසන්ට බැරියෝ... කසපහර නවත්තන්ට... හහ්... හනේ... මට මන්තරේ එපෝ...!" කියලා විලාප දුන්නා.

"හෝ... එම්බල ස්ත්‍රී... එතකොට තී කැමති වුනේ මාව ගින්නේ මරවා හරි මන්තරේ ගන්ට නේද? නිදකිං තී" කියා තව පහර කීපයක් පිටට ගැස්සුවා. පිටේ සම ගැලවුණා. ඊට පස්සේ ඈව පිටත් කෙරෙව්වා. එදායින් පස්සේ ඒ ගැන ඈ කට හෙල්ලුවේ නෑ.

මෙය වදාළ භාග්‍යවතුන් වහන්සේ චතුරාර්ය සත්‍ය ධර්මය දේශනා කොට වදාළා. ඒ දේශනාව අවසානයේ සිවුරු හැර යන්ට සිතා සිටි භික්ෂුව සෝවාන් ඵලයට

පත් වුණා. "මහණෙනි, එදා සිය බිරිඳ කෙරෙහි වූ ලෝභයෙන් මරණයට කැපවෙන්ට ගිය සේනක රජුව සිටියේ මේ භික්ෂුවයි. සිය සැමියා මරවා හෝ මන්ත්‍රය ගන්ට ආසාවෙන් සිටි දේවිය වෙලා සිටියේ මොහුගේ ගිහි කළ බිරිඳයි. සේනක රජුව මරණයෙන් ගලවා ගත් සක්දෙව්රජුව සිටියේ මම" යි කියා භාග්‍යවතුන් වහන්සේ මේ ජාතකය නිමවා වදාළා.

02. සූචි ජාතකය

උපායෙහි දක්ෂ වූ ඉදිකටු වෙළෙන්දාගේ කතාව

පින්වතුනේ, පින්වත් දරුවනේ,

අපගේ භාග්‍යවතුන් වහන්සේගේ නුවණ මේ ලෝකේ කාටවත් ම සිතාගන්ටවත් බෑ. තමන්ගේ නුවණේ බලයෙන් තමන්ගේ බලාපොරොත්තු ඉටු කරගත් ආකාරයයි මේ කතාවෙන් කියැවෙන්නේ.

ඒ දිනවල අපගේ භාග්‍යවතුන් වහන්සේ වැඩ වාසය කොට වදාළේ සැවැත්නුවර ජේතවනයේ. දවසක් දම්සභා මණ්ඩපයට රැස් වූ භික්ෂූන් වහන්සේලා භාග්‍යවතුන් වහන්සේගේ අසිරිමත් ප්‍රඥාව ගැන කතා කරමින් සිටියා. ඒ අවස්ථාවේ භාග්‍යවතුන් වහන්සේ එතැනට වැඩම කොට මෙසේ වදාළා.

"මහණෙනි, තථාගතයෝ ප්‍රඥාවෙන් යුක්තව, උපාය කෞශල්‍යයෙන් යුක්තව වාසය කරන්නේ මේ ආත්මයේ විතරක් නොවේ. මීට කලින් ආත්මෙත් උපාය කුසලතාවෙන් යුක්තව වාසය කළා" කියා මේ අතීත කතාව ගෙනහැර දක්වා වදාළා.

"මහණෙනි, ගොඩාක් ඉස්සර කාලෙක බරණැස්පුරේ බ්‍රහ්මදත්ත නමින් රජ්ජුරු කෙනෙක් රාජ්‍ය විචාරමින් සිටියා. ඔය කාලේ බෝධිසත්වයෝ කසී රටේ කම්මල්කාර පවුලක උපන්නා. කම්මල් ශිල්පය ඉතාම දක්ෂ විදිහට ඉගෙන ගත්තා. කලක් යනකොට ඒ ශිල්පයේ කෙළ පැමිණියා. බෝධිසත්වයන්ගේ මව්පියෝ දිළිඳුයි. එයාලගේ ගමට ටිකක් ඈතට වෙන්ට තවත් කම්මල් ගමක් තියෙනවා. ඒ ගමේ කම්මල් දාහක් තියෙනවා. එහි ඒ කම්මල් දහසට ප්‍රධාන මහාකම්මලක් තියෙනවා. ඒ ප්‍රධාන කම්මල්කරුවා තමයි රජ්ජුරුවන්ගේ කටයුතු කරන්නෙත්. ඔහුට බොහෝම ධනය තියෙනවා. දේපල වස්තුව තියෙනවා. ඒ ප්‍රධාන කම්මල්කරුවාගේ දූවක් ඉන්නවා. ඇ ඉතාම රූප සම්පන්නයි. දිව්‍ය අප්සරාවියක් වගේ. ජනපද කල්‍යාණියකගේ ඇති සියලු රූප ලක්ෂණ ඇට තිබුණා.

අවට ගම්වල මිනිස්සු වෑ, පොරෝ, නගුල්, මන්නා පිහි ආදිය සාදවා ගන්ට ඒ ගමට ඇවිත් වැඩිපුර ම කරන්නේ අර ලස්සන කුමාරිව බලන එක. ඊට පස්සේ ඔවුන් තම තමන්ගේ ගම්වලට ගිහින් තැන් තැන්වලදී කතා කරන්නේ ඇගේ රූප සෝභාව ගැනයි. දවසක් මිනිස්සු මේ කුමාරි ගැන කතා කරනවා බෝධිසත්වයෝත් අසාගෙන සිටියා. ඒ ඇසූ පමණින් ම ඇ ගැන බෝධිසත්වයන්ගේ සිත බැඳී ගියා. 'ඇයව මං මගේ බිරිඳ කරගන්නවා ම යි' කියා හිතේ සනිටුහන් කරගත්තා. ඊට පස්සේ ඉතාම හොඳ වර්ගයේ යකඩ ගෙනැවිත් ඉතා සියුම් සවිමත් ඉදිකටුවක් හැදුවා. සිදුරත් විද්දා. වතුරේ ගිල්ලුවා. තවත් එවැනි ම ඉදිකටු හැදුවා. ඒවායේත් නූල දමන සිදුරු විද්දා. ඒ විදියේ ම ඉදිකටු කොපුත් හැදුවා. ඒවාත් ඉදිකටු

වාගේ ම යි. හොයන්ට බෑ. මුලින් හැදූ ඉඳිකටුව පිළිවෙළින් කොපු හතක් ඇතුළේ දැම්මා. නමුත් පේන්නේ එක ඉඳිකටුවයි.

ඊටපස්සේ බෝධිසත්වයෝ ඒ ඉඳිකටුව නළයක දමාගෙන බඳපටියේ බැඳගෙන ඒ ගමට ගියා. ගිහින් ප්‍රධාන කම්මල්කරුවා වසන වීදිය තියෙන තැන අසාගෙන එහි ගියා. ගිහින් කම්මල්කරුවාගේ ගෙයි දොරකඩ සිටගෙන "මගේ අතේ අපූරු ඉඳිකටුවක් තියෙනවා. එය මිලට ගන්ට කැමති කවුද?" කියා අසමින් මේ ගාථාව පැවසුවා.

(1)

රළු නැති මට සිලිටි කරගලෙන් - ඔප දමා මනාකොට
ඉතා යහපත් ලෙසින් මෙහි - තිබේ හොඳ සිදුරක් තනා
තියුණු ලෙසින් සියුම් ලෙසින් - තුඩක් තිබේ මෙහි තනා
කවුරුද මේ ඉඳිකටුව - මිලකට ගන්නේ මෙදා

(2)

මැනැවින් ඇත ඔප දමා - සොඳුරු සිදුරකුත් ඇත තනා
කුඩාවට සැකසී කෙමෙන් - හොඳට ඇත මෙය වී රවුම්
කිණිහිරත් විදගෙන යන - ඉතා තද සවියක් ඇත
අපූරුය මේ ඉඳිකටුව - කවුද ගන්නේ මුදලට

ඒ අවස්ථාවේ ප්‍රධාන කම්මල්කරුගේ නිවසේ සිටි ප්‍රධාන ආචාරීන් උදෑසන අහර අනුභව කරලා සයනේ සැතපී සිටියා. දූ කුමරිය පියා අසලින් කුඩා අසුනක වාඩි වී සිය පියාට පවන් සලමින් සිටියා. ඇයට බෝධිසත්වයන්ගේ ගාම්භීර ස්වරය ඇසුණා.

'හෝ... කාගෙද ඒ මධුර ගැඹුරු හඬ... කම්මල්කරුවන්නේ ගම්මානෙට ඉඳිකටු විකුණන්ට

එන්නේ කවුද? එයාට වැරදීමක් වගේ. ඇයි මේ ගම කම්මල් ගම්මානයක් බව නොදන්නවා ද මන්දා. හැබැයි... ඒ හඬ නම් මං අහන්ට අහන්ට සිතට සැපක් දැනෙනවා. කවුද කියා බලන්ට ඕනෑ' කියා සිතා පියාට පවන් සලමින් සිටි පවන් අත්ත පැත්තකින් තිබ්බා. ගෙයින් එළියට ඇවිත් ඉස්තෝප්පුවේ සිටගත්තා. ඉතා කඩවසම් පුරුෂයෙක් තමා ඉදිරියේ ඉන්නවා. ඈ බෝධිසත්වයන්ට මෙහෙම කීවා.

(3)

අනේ අයියණ්ඩී - මේ ගමත් කම්මල් ගමක්
බොහෝ ඉඳිකටු බිලිකටු - දැන් හදන්නේ මේ ගමේ
මේ ගමෙන් ම යි ඒවා - රටේ හැම තැන පැතිර යන්නේ
ඔය ඉඳිකටු මිලට ගන්නට - කවුද ඉන්නේ මේ ගමේ

(4)

මේ ගමෙන් නොවැ - සියලු අවි ආයුධ හැදෙන්නේ
මේ ගමෙන් නොවැ -
බොහෝ කම්මල් වැඩ පැතිර යන්නේ
අනේ අයියණ්ඩියේ එනිසා - ඔය ඉඳිකටු මිලට ගන්නට
කවුද ඉන්නේ මේ ගමේ

"අනේ අයියණ්ඩි, ඔයාට ලොකු වැරදීමක් වෙලා. ඔයා දන්නැතිව ඇති. මේ ගමෙන් තමයි රට පුරාවට ඉඳිකටු බෙදා හරින්නේ. අනේ මේ ගමේ කවුද ඉන්නේ ඔයාගේ ඔය ඉඳිකටු මිලට ගන්ට."

ඇත්තෙන්ම බෝධිසත්වයෝ ඒ ගමට ආවේ ඉඳිකටු විකුණන්ට නොවේ. වෙන කාරණාවකට. ඒ කාරණාව තමයි කවුරුත් දෙවඟනක් වගේ ලාස්සනයි

කියන මේ දූ කුමරිව කරකාරෙට ගන්ට. දැන් ඈ ම යි ඇවිත් බෝධිසත්වයන් එක්ක කතා කරන්නේ. එතකොට බෝධිසත්වයෝ ඇයට මේ ගාථාවන් පැවසුවා.

(5)

ලස්සන නැගණියේ මං කියනා දේ අහන්ට
හොඳ හැටි වැටහෙන අය මේ ගමේ ඉන්නවා නම්
මේ ඉදිකටු විකිණිය යුතු මේ කම්මල් ගමට ම යි
මේ ඉදිකටු මං හැදුවේ -
ලේසියෙන් ද අමාරුවෙන් ද කියා
ඇත්ත දන්නෙ මේවා ගැන දන්නා ආචරීන්ම යි

(6). නැගණියනේ ඔබේ පියා -
මං සැදූ මේ ඉදිකටුව ගැන
හොඳින් විස්තර දන්නවා නම් -
ඔයාවත් මට ලබා දෙනවා
මේ ගෙදර ඇති සියලු දේපල -
මට ම යි ලබා දෙන්නේ

සයනේ සැතපී සිටි ආචාරීන්ට මේ දෙන්නාගේ කතාව හොඳට ඇසුණා. "දූ... මෙහෙ එන්ට. කවුද ඔය දූත් එක්ක කතා කරන්නේ?"

"අප්පච්චී... කවුදෝ කෙනෙක් ඇවිත්. එයැයි ඉදිකටු විකුණන්ට අපේ මේ කම්මල් ගම්මානෙට ඇවිත්."

"හා... කමෙක් නෑ... එහෙනං එයාට එන්ට කියන්ටකෝ බලන්ට."

"අයියණ්ඩි... ආං... ඔයැයිට අපේ අප්පච්චි කතා කරනවා."

එතකොට බෝධිසත්වයෝ ගෙට ඇවිත් ආචාරීන්ට ගරුසරු දක්වා සිටගත්තා.

"මී... ඔය දරුවා කොයි ගම්මානෙ කෙනෙක් ද?" "මාමණ්ඩි... මං කසී ගමේ අසවල් තැන ඉන්නේ. අසවල් කම්මල් ආචාරීන් තමයි මයෙ අප්පුච්චා. මං එයැයිගේ පුත්‍රයා."

"හරි... ඉතින් මේ ගමට ආවේ?"

"ඉඳිකටු විකුණන්ට."

"හොහ්... හොහ්... හෝ... කමෙක් නෑ. ඇන්න වරෙන් බලන්ට පුතා හැදූ ඉඳිකටු."

"මෙහෙමයි මාමණ්ඩි... මේක මං හැදූ විශේෂ ඉඳිකටුවක්. මං කැමතියි මේ ගමේ ආචාරීන් හැමෝම මේ ඉඳිකටුව දකිනවාට. එයාලටත් එන්ට කියන්ට ඇහැකි ද?"

"ඇහැකි... ඇහැකි... හරි... එහෙනම් අපේ හැමෝටම එන්ට කියාපන් මේ දරුවා සැදූ ඉඳිකටුව බලන්ට" කියා සේවකයෙකු අත පණිවිඩය පිටත් කළා. එතකොට හැමෝම රැස් වුණා. "හරි දරුව, දැන් එහෙනම් ඔහේගේ ඉඳිකටුව පෙන්නාපන් බලන්ට අපට."

"මාමණ්ඩි... මට එහෙනං කිණිහිරකුයි, වතුර පුරවාපු ලෝහ භාජනයකුයි ඕනෑ." එතකොට ආචාරීන් ඒවාත් ගෙන්නා දුන්නා. බෝධිසත්වයෝ බඳපටියේ ගැටගසා තිබුණු නළේ එළියට අරගෙන ප්‍රධාන කම්මල්කරුට දුන්නා. එතකොට ඔහු එයින් ඉඳිකට්ට එළියට ගත්තා.

"පුත්‍රය... මේක ද ඉඳිකටුව?"

"නෑ මාමණ්ඩි... ඔය ඉදිකටුව නොවෙයි. ඉදිකටු කොපුව."

එතකොට ඔහු ඒ ඉදිකටුව එහාට මෙහාට හරව හරවා බැලුවා. ඔහුට ඉදිකටුවක් මිසක් කොපුවක් ඇති බව හොයාගන්ට බැරි වුණා. එතකොට බෝධිසත්වයෝ ඒ ඉදිකටුව අතට අරගෙන තමන්ගේ නියපොත්තෙන් හෙමිහිට ඉදිකට්ට කොපුවෙන් ඇදලා ගත්තා. "මේං... මේ... මේ බලන්ට. මේ තියෙන්නේ ඉදිකටුව. මේ තියෙන්නේ කොපුව" කියලා සියලු දෙනාට පෙන්නුවා. කොපුව ආචාරීන්ගේ පාමුල තබා ඉදිකටුව අතට දුන්නා. "එතකොට පුතා... මේ තියෙන්නේ ඉදි කටුව...!"

"නෑ... ඔය පෙනෙන්නේ කොපුව. ඕක ඇතුළේ ඉදිකටුව තියෙන්නේ" කියා ඒ ඉදිකටුව අරගෙන නියපොත්තෙන් පහර දෙමින් එකම ඉදිකට්ටක් වගේ පේන දෙයින් ඉදිකටු කොපු හයක් එළියට ගත්තා. "මේං... මේ තියෙන්නේ නියම ඉදිකටුව" කියා ආචාරීන්ගේ අතේ තිබ්බා. එතකොට හැමෝම සතුටට පත්වෙලා අත්පොලසන් දුන්නා. විසිල් ගැහැව්වා.

එතකොට ප්‍රධාන කම්මල්කරු ඉදිකටුව පෙන්නා මෙහෙම ඇසුවා. "හරි පුත්‍රයා... දැන් මොකක්ද මේ ඉදිකට්ටේ ඇති විශේෂත්වය, බලය?"

"මාමණ්ඩි... දැන් කවුරු හරි ශක්තිමත් කෙනෙක් ලවා ඔය කිණිහිර ඔසොවා කිණිහිරට යටින් වතුර භාජනේ තියන්ට. තියලා හිටං දැන් මේ ඉදිකටුව කිණිහිර මැදින් තියලා මේ ඉදිකටුවට කුළුගෙඩියෙන් පහර දෙන්ට කියන්ට."

එතකොට ඔහු එහෙම කරලා කිණිහිර මැද තිබූ ඉඳිකටුවට කුළුගෙඩියෙන් පහර දුන්නා. කුළුගෙඩියේ පහර කෑ ඉඳිකටුව කිණිහිර විදගෙන යටට බැස්සා. කෙස් ගහක තරම්වත් උස් පහත් නොවී හරි ගානට ඉඳිකටුව වතුර භාජනයට වැටුනා. හැමෝම පුදුම වුණා. "මේක නම් පුදුමයක්. අපි මෙතෙක් කල් නොයෙක් දස්කම් ඇති කම්මල්කාරයෝ දැකලා තියෙනවා. නමුත් මෙබඳු අයෙක් නම් අපි අසාවත් නෑ. කලින් අසා තියෙන බවක්වත් දන්නේ නෑ" කියා මහා හඬින් ඔල්වරසන් දෙමින් ප්‍රීති ඝෝෂා කළා.

එතකොට ප්‍රධාන කම්මල්කරුවා තම දූ කුමරිය කැඳවා ඒ පිරිස මැද ම "ප්‍රිය පුත්‍රය, මාගේ දූ තොපට ම යි සුදුසු" කියා අත පැන් වත් කොට සරණ පාවා දුන්නා. පසු කලෙක ඒ ප්‍රධාන කම්මල්කරුගේ අභාවයෙන් පසු බෝධිසත්වයෝ ඒ ගමේ ප්‍රධාන කම්මල්කරු බවට පත් වුණා.

මහණෙනි, එදා කම්මල්කරුගේ දූ කුමරියව සිටියේ රාහුල මාතාවෝ. නුවණැති කම්මල්කාර පුත්‍රයාව සිටියේ මම" යි කියා භාග්‍යවතුන් වහන්සේ මේ ජාතකය නිමවා වදාළා.

03. තුණ්ඩිල ජාතකය

තුණ්ඩිල නමැති බෝසත් ඌරාගේ කතාව

පින්වතුනේ, පින්වත් දරුවනේ,

අපගේ බුදුරජාණන් වහන්සේගේ බෝධිසත්ව ජීවිතය පවා පුදුම සහගතයි. තිරිසන්ගත ආත්මවල ඉපිද සිටියදී පවා අන්‍යයන්ට උපකාර කොට ඔවුන් සුවපත් කළ අයුරු හරිම ආශ්චර්යයි. මෙය එබඳු කතාවක්.

ඒ දිනවල අපගේ භාග්‍යවතුන් වහන්සේ වැඩ වාසය කොට වදාළේ සැවැත් නුවර ජේතවනයේ. ඔය කාලේ සැවැත් නුවර සිටි සැදැහැවත් තරුණයෙක් ඉතාමත් ශ්‍රද්ධාවෙන් බුදු සසුනේ පැවිදි වුණා. නමුත් මේ භික්ෂුව තමන්ට විස්තර කළ නොහැකි අසාමාන්‍ය බිය තැති ගැනීමකින් යුක්ත වුණා. සුළු දේටත් මරණ භය හටගන්නවා. ගසක අත්තක් කඩා වැටුණත්, හයියෙන් ගස් කොළං සෙලවුණත්, කුරුල්ලෙක් සිව්පාවෙක් ශබ්දයක් කළත්, එබඳු වෙනත් ශබ්දයකටත් මරණ භය හටගන්නවා. කුසට ඊයක් වැදුණු හාවෙක් වගේ වෙව්ලන්ට පටන් ගන්නවා.

දම්සභා මණ්ඩපයට රැස් වූ භික්ෂූන් වහන්සේලා මේ අසාමාන්‍ය භීතියකින් පසුවන භික්ෂුව ගැන මහත් සංවේගයකින් යුක්තව කතා කරමින් සිටියා. "

අනේ ඇවැත්නි, අසවල් භික්ෂුව ගැන අපට හරිම සංවේගයි. ඉතාම සුළු ශබ්දයටත් මරණ භය ඇති වෙනවා. කෑ ගසමින් දුවන්ට යනවා. අපි හැමෝම ස්ථිරව මැරෙනවා නොවැ. ජීවිතය අස්ථිරයි නොවැ. මැරෙනවා කියන කාරණය හැම තිස්සේ ම හිතන්ට ඕනෑ නොවැ. එහෙම මරණය ගැන නුවණින් මෙනෙහි කළා නම් මරණ භය අඩු වෙනවා නේ."

ඒ අවස්ථාවේ අපගේ භාග්‍යවතුන් වහන්සේ එතැනට වැඩම කොට වදාළා. භික්ෂූන් වහන්සේලා තමන් කතා කරමින් සිටි කරුණ භාග්‍යවතුන් වහන්සේට සැළකළා. භාග්‍යවතුන් වහන්සේ ඒ භික්ෂුව කැඳවා ඒ ගැන අසා වදාළා. "හැබෑද භික්ෂුව, ඔබට ඉතාම සුළු දේටත් මරණ භය හටගන්නවා ද?"

"එහෙමයි ස්වාමීනී."

එතකොට භාග්‍යවතුන් වහන්සේ භික්ෂූන් අමතා මෙසේ වදාළා.

"මහණෙනි, මේ භික්ෂුවගේ ඔය මරණභය තිබුණේ දැන් මේ ආත්මේ විතරක් නොවේ. මීට කලින් ආත්මෙත් ගොඩාක් මරණ භය ඇති වූ කෙනෙක්" කියා මේ අතීත කතාව ගෙනහැර දක්වා වදාළා.

"මහණෙනි, ගොඩාක් ඉස්සර කාලෙක බරණැස්පුරේ බ්‍රහ්මදත්ත නමින් රජ්ජුරු කෙනෙක් රාජ්‍ය විචාරමින් සිටියා. ඔය කාලේ මහාබෝධිසත්වයෝ ඌරු යෝනියේ පිළිසිඳ ගත්තා. ඒ මෙහෙමයි. එක්තරා මව් ඊරියක් සිය දරුගැබ මෝරා ගියාට පස්සේ ඌරු පැටව් දෙන්නෙකු වැදුවා. ඉතින් ඔය ඊරි දවසක් තමන්ගේ

පැටව් දෙන්නත් එක්ක ගිහින් එක්තරා වලක ලැග්ගා. ඒ වෙලාවේ බරණැස දොරටුග්‍රාමවාසී එක් මැහැල්ලක් කපු කෙතට ගොහින් කපු පුළුන් පුරවාගත් පැසක් අරගෙන හැරමිටියෙන් පොළොවට අනිමින් ආවා. ඈගේ හැරමිටි ශබ්දයට බියට පත් ඊරි හොඳටෝ ම මරණ භයට පත්වෙලා පැටව් දෙන්නාවත් දාලා පලා ගියා. එතකොට මැහැල්ලී ඌරු පැටවුන් දෙන්නාව දැකලා පුත්‍ර සඤ්ඤාව ඇති කරගෙන තමන්ගේ පැසේ දමාගෙන ගෙදර ගෙනාවා. ලොකු ඌරු පැටියාට මහාතුණ්ඩිල කියා නම තිබ්බා. පොඩි ඌරු පැටියාට චුල්ලතුණ්ඩිල කියලා නම තිබ්බා. ඈ මේ ඌරු පැටවුන් දෙන්නාව තමන්ගේ දරුවන් වගේ ආදරෙන් හැදුවා.

කලක් යද්දී මේ දෙන්නා හොඳට වැඩී ස්ථූල ශරීර ඇති වුණා. "අපට මේ අයව සල්ලිවලට දෙන්ට" කියා මිනිස්සු ඉල්ලනවා. "හාපෝ... මං කොහොමෙයි මෙයාලා දෙන්නේ. මගේ දරුවන් වගේ මං මෙයාලා ඇති දැඩි කළේ" කියලා කාටවත් දෙන්නේ නෑ. දවසක් උත්සව කාලෙක සල්ලාල මිනිස්සු හොඳට සුරා බීලා තමන් ගෙනා මස් කාලා ඉවර වෙලා තවත් මස් ඕනෑ වුණා.

"අඩේ... මස් ඉවරයි... මස් ටිකක් හොයා ගන්නේ කොහින් ද...? මොකෝ තව සුරා නම් තියෙනවා."

"ඇයි... අර... ආච්චිය ළඟ ඉන්නේ අපූරු තඩි ඌරු දෙන්නෙක්."

"හරි... එහෙනම්... මං ගිහින් ඌරෙක් අරං එන්නම්" කියලා ආච්චි ළඟට ගියා. "අනේ ආච්චි... කියන ගාණක් දෙන්නම්. අපට හදිස්සියි... ඔය ඌරෝ දෙන්නාගෙන් එකෙක් ඕනෑ."

"හෑ... කොල්ලනේ... උඹලා මොනාද මේ කියන්නේ? තමුන්නේ දරුවන්ව මස් අනුභව කිරීමට විකුණන්නේ කොයි රටේ ද? හනේ... මේ... පලයව් කොල්ලනේ... මෙහෙ විකුණන ඌරෝ නෑ."

"අනේ ආච්චියේ... ඌරෝ කොහොමද මිනිසුන්නේ දරුවෝ වෙන්නේ? ආච්චිට වැරදීමක්... අනේ ඉතින් අපි සල්ලි දෙනවානේ..." කොහොම කීවත් ආච්චි ඌරන්ව විකුණන්ට ලේස්ති නෑ. එතකොට සල්ලාලයෝ ආච්චිව රවටා ආච්චිටත් සුරා පෙව්වා. ආච්චි ටිකෙන් ටික වෙරි වුණා. "අයියෝ ආච්චි... මේ ඌරෝ ගෙවල්වල තියාගෙන මොනා කරන්ටද? කෝ... මේං... මේ මෙතන කහවණු තියෙනවා... අපට ඉක්මනට ඌරෙක් දෙන්ට."

එතකොට ආච්චිගේ ආදරය වෙනස් වෙලා ගියා. ආච්චි කහවණු ටික අත මිටි මොලොවාගෙන මෙහෙම කිව්වා. "හෝ... කොල්ලනේ... උඹලාටත්... කටගැස්මක් ඕනෑ නොවැ. ඒ වුණාට මයෙ මහතුණ්ඩිලයා දෙන්ට බෑ. ඒ කිව්වෙ මයෙ ලොකු පුතා... අර ලොකු ඌරා... ඒකා දෙන්ට බෑ. පොඩි එකා ඉන්නේ... චුල්ල තුණ්ඩිලයා... ආං ඒකාව ගනිං එහෙනං."

"හරි... කෝ... ඉතින්... ඒ පොඩි ඌරා... කෝ... පේන්ට නෑනේ... අනේ ආච්චියේ ඌට අඬගහපන්කෝ."

"ඇයි කොල්ලනේ... කන්ට මුකුත් නැතිව මං කොහොමෙයි උන්ට අඬගහන්නේ? උන්ට මොනා හරි කන්ට දෙන්ට ඕනෑ."

"හා... අපි බත් තලියක් ගෙනත් දෙන්නම්" කියලා එකෙක් බත් තලියක් අරගෙන ආවා. ආච්චි ඒ බත් තලිය

අරගෙන ගිහින් ඌරන්ට බත් දෙන බඳුනේ දැම්මා. එතැන හිටගත්තා. තිහක් පමණ වූ සුරාධූර්තයෝ අතින් ගත් තොණ්ඩු ඇතිව එතැන ම හිටගත්තා. ආච්චි කෑ ගහලා පොඩි ඌරාට කතා කළා.

"මයෙ පොඩ්ඩෝ... චුල්ල තුණ්ඩිල... කෝ... මෙහේට වරෙන්... පැටියෝ..."

එතකොට මහතුණ්ඩිලට ආච්චිගේ මේ අඬගැසීම ඇසුණා. 'හෝ... හරි වෙනසක් නොවැ... මෙතෙක් කාලෙකට අපෙ අම්මා චුල්ල තුණ්ඩිලට ඉස්සෙල්ලා ම කන්ට අඬගැසුවේ නෑ. ඉස්සෙල්ලා ම මටයි කතා කරන්නේ. අද නම් අපට භය හටගෙන තියෙනවා වගේ' කියා සිතා මල්ලිට කතා කළා.

"මල්ලියේ... ආං... උඹට අපෙ අම්මා කතා කොරනවා. පලයං... ගිහින් බලාපං ඇයි ද කියලා."

එතකොට පොඩි ඌරා එතනින් ගිහින් බත් දෙණ ළඟට යද්දි එතන තමන්ව මරන්ට මිනිස්සු ඉන්නා බව දැකලා 'අයියෝ... අද මාව මරන්ට හදන්නේ' කියලා හොඳටෝම මරණ භය උපන්නා. හී... හී... ගාගෙන සහෝදරයා ළඟට ආපසු දුවගෙන ආවා. කෙලින් හිටගන්ට බැරිව වෙව්ල වෙව්ලා වටේට කැරකෙන්ට පටන් ගත්තා. මහතුණ්ඩිල ඌරා මේ වෙච්චි දේ දැක්කා. "ඇයි මලේ... අද උඹව මරන්ට නේද යන්නේ...? ඇයි උඹ මේ වෙව්ල වෙව්ලා කැරකෙන්නේ? උඹ එතැන මොකක්ද දැක්කෙ? මේ මොකක්ද කරන්නේ?" එතකොට චුල්ලතුණ්ඩිලයා තමන් දුටු දේ මෙහෙම කිව්වා.

(1)

අමුතු ම විදිහට අලුතින් යමක් දෙන්ට හදන්නේ
අපගේ බත් ඔරුව අලුත් බතින් පිරී තියෙන්නේ
අප ස්වාමිදුවත් එතැන ළඟින් ම දැන් සිටින්නී
මට නම් කිසි බඩගින්නක් අහලකටත් නොඑන්නේ

එතකොට බෝධිසත්වයෝ පොඩි ඌරාට මෙහෙම කිව්වා. "මලේ... අපෙ අම්මා මෙතෙක් කලක් ඌරන් වන අපව පෝෂණය කළේ යම් අරමුණක් ඇතිව ද, දැන් ඇයට ඒ අරමුණ පැමිණුනා. අද එය මුදුන්පත් වුණා. ඒ ගැන උඹ ඔය හැටි හිතන්ට එපා" කියා මධුර ස්වරයෙන් යුතුව ගාම්භීර බුද්ධ ලීලාවෙන් මේ ගාථාවන් පැවසුවා.

(2). තුණ්ඩිල මලේ ඇයි උඹ මේ -
වෙව්ලා බිය වී කරකැවෙන්නේ
පිහිටක් නැති අසරණ වී -
කොහෙන් පිහිට සොයන්නේ
කලබලයක් නැතිව ගොසින් -
ඒ බත ගිල දමන්නේ
ඒ අය මස් ගන්ට තමයි -
මෙලෙසට ඌරන් හදන්නේ

(3). මඩක් නොමැති විලට බසින් මල්ලියේ
දහඩිය කුණු සෝදාපන් මල්ලියේ
නව විලවුන් ගත ගල්වන් මල්ලියේ
ඒ සුවඳ විලවුන් තවරගත් විට නුඹ
කවරදාවත් මෙලෙස වැනසී යන්නෙ නෑ

තමන් විසින් සසරේ පුරන ලද පාරමී ධර්මයන් සිහිකොට සියලු සත්වයන් කෙරෙහි මෙත් සිත පතුරා

මේ ගාථාවන් කියන්ට පටන්ගන්න කොට ම දොළොස් යොදුනක් වූ මුළු බරණැසට ම ඒ හඬ ඇසෙන්ට පටන් ගත්තා. තමන් ළඟින් කියනවා වගෙයි හැමෝට ම ඇසුණේ. ඒ ඇසූ සැණින් බරණැස් රජුත්, යුවරජුත්, පුරෝහිත ආදී හැමෝම ඒ හඬ ඔස්සේ ආච්චිගේ ගෙදරට එන්ට පිටත් වුණා. එතකොට රාජපුරුෂයෝ "පලයල්ලා... ගොහින් හනික භූමිය සමකොට වැලි අතුරාපල්ලා" කියලා අණ කළා. මේ අසිරිය දුටු සුරා ධූර්තයන්ගේ වෙරි හිඳුනා. ඔවුන් අත තිබුණු තොණ්ඩු වීසි කළා. ඔවුනුත් මහාතුණ්ඩිලගේ අසිරිමත් හඬට සවන් දීගෙන සිටියා. ආච්චිගේ වෙරි හිඳුනා. මහජනයා මැද මහතුණ්ඩිල මේ කියන දේ පුදුමයෙන් පුදුමයට පත් වෙලා අසාගෙන සිටියා.

එතකොට චුල්ල තුණ්ඩිල මෙහෙම කිව්වා. "අයියණ්ඩි... මට ඔයා ඔහොම කීවාට අපේ පරම්පරාවේ කවුරුවත් පොකුණට බැහැලා ස්නානය කොට සිරුරින් දහඩිය කුණු සෝදා පැරණි සුවඳ විලවුන් හැර අලුතින් සුවඳ විලවුන් තවරාගෙන නැනේ. මොකක්ද අයියණ්ඩි ඔයා කියූ ඒ ගාථාවේ අරුත..!" කියා මේ ගාථාවෙන් ඇසුවා.

(4)

මඩක් නොමැති විලය කියා කියන්නෙ කුමට ද
කුණු හා දහඩිය කියන්නෙ මොන වගෙ දෙයට ද
අලුතින් ගල්වන විලවුන් කියන්නේ කුමට ද
කිසිදා නොනැසෙන සුවඳ ය කියන්නෙ කුමට ද

"එහෙනම් මලණ්ඩ, හොඳ හැටි අහගනින්" කියා මහාතුණ්ඩිල මෙහෙම ධර්ම කතාව කියන්ට පටන් ගත්තා.

(5). සිල් සමාධි නුවණ ඇතුළු උත්තම ගුණ දම් -
සැබෑ විල යි කිසිම මඩක් නොතිබෙනා
සිත කය වදනින් කරනා හැම පවක් ම -
කුණු හා දහඩිය ලෙස සැලකුව මනා
පන්සිල් අටසිල් ආදී උතුම් සීලයත් -
අලුතින් ඇඟ ගැල්විය යුතු සුවඳ විලවුනයි
සිල් සුගන්ධ තවරාගත් විට එයා -
යහපත කිසිදා නොනැසේ ම යි

(6)

අනුන් නසා එයින් සතුටු වෙත් -
පව් කරනා දනෝ මේ ලොවේ
මුහුණ දෙන්ට සිදු වූ විට තමනුත් මරණෙට -
ඔවුන්ගෙ සතුට නැති වෙලා යතේ
පුන්සඳ පායා ඇති අද වැනි පොහෝ දවසක -
අප වැනි අය සතුටු සිතින් අත් හරියි ජීවිතේ !

මෙහෙම කියලා මහාතුණ්ඩිල බණ කියන්ට පටන් ගත්තා.

"පින්වත්නි, ලොවේ ඕනෑ තරම් සඳුන්, කොබෝලීල, දෑසමන්, සපු ආදී මල් තියෙනවා. නමුත් ඒවායේ සුවඳ හමා යන්නේ යටි සුළඟට පමණයි. උඩු සුළඟට හමා යන්නේ නෑ. එහෙත් බලන්ට, සත්පුරුෂයන්ගේ සීල සුගන්ධය දෙව්ලොවට පවා පැතිර හමනවා.

ඒ නිසා මහනෙල්, සඳුන්, තුවරලා ආදියේ සුවඳට වඩා සිල් සුවඳ මොනතරම් උතුම් ද!

මිනිස් ලොව ජීවත්වෙන ගොඩාක් අය පව්වල විපාක ගැන දන්නෙ නෑ. තමන්ට හිතුන හිතුන විදිහට

පව් කරනවා. සතුන් මර මරා සතුටු වෙනවා. නමුත් සතුන් මරණ අයට ඒ හේතුවෙන් නිරය, තිරිසන් යෝනිය, ප්‍රේත ලෝකය, අසුර ලෝකය ආදියේ උපදින්ට සිදු වෙනවා. අනුවණ මිනිසුන් පව් කරද්දී සිතන්නේ මී පැණි සේ රසවත් කියලයි. නමුත් ඒ පව් තමන්ට විපාක දෙන්ට පටන්ගත් විට තමයි හඬ හඬා පසුතැවෙන්නේ. ඒ නිසා යම් පවක් කොට ඒකේ විපාකය කඳුළු වගුරුවමින් විඳින්ට සිදුවෙනවා නම් එවැනි පව් නොකළ යුතු ම යි.

පින්වත්නි, සියලුම සත්වයෝ හිංසා පීඩාවලට භයයි. මැරුම් කන්ට භයයි. හැමෝට ම ජීවිතය ප්‍රියයි. තමන්ව උපමාවට ගන්ට. තමන් භයයි නේද එවැනි දුක්වලට? අනිත් අයත් එහෙම තමයි. එනිසා සතුන් නසන්ට එපා. අනුන් ලවා නසවන්ටත් එපා හොඳේ" කියා දහම් දෙසද්දී මිනිස්සු දෑස් විදහාගත්තා. මුව අයා ගත්තා. මහා හඬින් ඔල්වරසන් දුන්නා. මහා හඬින් සාධුකාර දුන්නා. බරණැස් රජ්ජුරුවන්ට පුදුමෙනුත් පුදුමයි. රජ්ජුරුවෝ මහාතුණ්ඩිල සුදූ සේසතින් පිදුවා. බරණැස් රාජ්‍යයෙන් පිදුවා. ආච්චිටත් ගොඩාක් යස ඉසුරු දුන්නා. ඌරෝ දෙන්නාව ම සුවඳ පැන්වලින් නැහැව්වා. වස්ත්‍ර ඇන්දුවා. ගෙලේ මැණික් මාලා පැළැන්දුවා. නගරයට පමුණුවා රජ්ජුරුවන්ගේ පුත්‍රස්ථානයේ තබා සැලකුවා.

මහාතුණ්ඩිලයාණෝ රජ්ජුරුවන්ව පංච ශීලයෙහි පිහිටෙව්වා. බරණැස කසී රට සියලු මිනිස්සු සිල් ආරක්ෂා කළා. බෝධිසත්වයෝ පොහෝ දවස්වලට ඔවුන්ට බණ කිව්වා. නඩුකාර ආසනයේ වාඩිවෙලා නඩු විසඳුවා. ඔහු එතැන සිටිය තාක් කවුරුවත් කූට වැඩ කළේ නෑ.

කලක් යද්දී රජ්ජුරුවෝ අභාවයට පත් වුණා. බෝධිසත්වයෝ රජ්ජුරුවන්ගේ අවසන් කටයුතු කරවා, ධාර්මික විනිශ්චය කරන හැටි පොතක ලියවා "මේ පොත බලා නඩු විසඳව්" කියා මහජනයාට බණ කියා අප්‍රමාදී වීමේ අනුසස් පවසා මහාජනයා හඬා වැලපෙද්දී චුල්ලතුණ්ඩිලත් සමඟ නැවත මහා වනයට ගියා. එදා බෝධිසත්වයෝ දුන්නු අවවාද අවුරුදු හැට දහසක් පැවතුනා.

මෙය වදාළ භාග්‍යවතුන් වහන්සේ චතුරාර්ය සත්‍ය ධර්මය දේශනා කොට වදාළා. ඒ දෙසුම අවසානයේ මරණ භයින් තැතිගත් භික්ෂුව සෝවාන් ඵලයට පත් වුණා. එදා රජ්ජුරුවෝ වෙලා සිටියේ අපගේ ආනන්දයෝ. චුල්ලතුණ්ඩිලව සිටියේ මරණ භයින් තැතිගන්නා මේ භික්ෂුවයි. පිරිස බුදු පිරිසයි. මහාතුණ්ඩිලව සිටියේ මම" යි කියා භාග්‍යවතුන් වහන්සේ මේ ජාතකය නිමවා වදාළා.

04. සුවණ්ණකක්කටක ජාතකය

බ්‍රාහ්මණයාව බේරාගත් රන් කකුළුවාගේ කතාව

පින්වතුනේ, පින්වත් දරුවනේ,

අපගේ භාග්‍යවතුන් වහන්සේට සම්බුද්ධත්වයට පත් වෙලා විසි අවුරුද්දක් ගෙවෙනා තුරු නිත්‍ය උපස්ථායකයෙක් සිටියේ නෑ. ඊට පස්සේ තමයි අපගේ ආනන්දයන් වහන්සේ භාග්‍යවතුන් වහන්සේගේ නිත්‍ය උපස්ථායක වශයෙන් පත් වුණේ. එදා සිට විසිපස් වසරක් ම උන්වහන්සේ භාග්‍යවතුන් වහන්සේගේ සෙවණැල්ල වගේ සිටියා. රජගහ නුවරදී දේවදත්තගේ අනුදැනුම මත නාලාගිරි නමැති ඇත්රජාට රා කළ දහසයක් පොවා මත් කරවා, හෙණ්ඩුවෙන් ඇණ උසි ගන්වා කුලප්පු කරවා භාග්‍යවතුන් වහන්සේ වඩින මගට පිටත් කළා. හස්තිරාජයා භාග්‍යවතුන් වහන්සේගේ ඉදිරියට පිඹගෙන එද්දී ආනන්දයන් වහන්සේ පෙරට පැන්නා. භාග්‍යවතුන් වහන්සේ මැදිහත් වී ආනන්දයන් වහන්සේව පසුපසට කොට වදාළා.

එදා රජගහනුවර වේළුවනයේ දම්සභා මණ්ඩපයට රැස් වූ භික්ෂූන් වහන්සේලා මේ ගැන කතා කරමින් සිටියා. "අනේ බලන්ට ඇවැත්නි, අපගේ අනඳ තෙරුන්

භාග්‍යවතුන් වහන්සේ වෙනුවෙන් ඕනෑම මොහොතක දිවි පුදන්ට සූදානම්. ආනන්දයෝ පුදුමාකාර ආදරයකින් නොවැ ශාස්තෘන් වහන්සේට උපස්ථාන කරන්නේ.” ඒ අවස්ථාවේ භාග්‍යවතුන් වහන්සේ එතැනට වැඩම කොට වදාළා. භික්ෂූන් වහන්සේලා තමන් කතා කරමින් සිටි කරුණ භාග්‍යවතුන් වහන්සේට සැළකළා. භාග්‍යවතුන් වහන්සේ මෙසේ වදාළා.

“මහණෙනි, මං වෙනුවෙන් අපගේ ආනන්දයෝ දිවි පිදුවේ මේ ආත්මේ විතරක් නොවෙයි. මීට කලින් ආත්මෙත් ඔහොම දිවි පුදා තියෙනවා” කියා මේ අතීත කතාව ගෙනහැර දක්වා වදාළා.

“මහණෙනි, ගොඩාක් ඉස්සර කාලෙක රජගහනුවර නැගෙනහිර පැත්තට වෙන්ට සාලින්දිය කියා බ්‍රාහ්මණ ගමක් තිබුණා. මහාබෝධිසත්වයෝ ඔය ගම්මානේ ගොයිතැන් කරන බ්‍රාහ්මණ පවුලක උපන්නා. වයසින් මුහුකුරා ගියාට පස්සේ පවුල් වෙලා ගොයිතැන් කටයුතු ම කරගෙන ගියා. ඒ බ්‍රාහ්මණ ගමට ඊසාන දිගට වෙන්ට එක් මගධ කුඹුරු යායක දහසක් කිරිය හෙවත් වී අමුණු හාරදහසක කුඹුර අස්වැද්දුවේ බෝධිසත්වයෝ. දවසක් මොහු කුඹුරු හාන්ට මිනිස්සුත් අරගෙන කුඹුරට ගියා. මිනිසුන්ට සී සෑම දිගටම කරගෙන යන්ට කියලා මුව සෝදා ගැනීමට ඒ කුඹුරු යාය කෙළවරේ තිබුණු ලොකු දියවළට ගියා. බෝධිසත්වයෝ දැහැටියකින් දත් මැදලා මුහුණ සෝදාගන්ට ඒ දියවලට බැස්සා. තමන් මුව සෝදද්දී එතැනට ඉතාම හැඩකාර රන්වන් කකුළුවෙක් ඇවිත් බෝධිසත්වයන් දිහා බලාගෙන හිටියා. ඌ දුටු ගමන් බෝධිසත්වයන්ට ඌ ගැන මහත් ආදරයක් ඇති වුණා.

එතකොට බෝධිසත්වයෝ රන් කකුළුවා අල්ලාගෙන උඩට ගත්තා. තමන්ගේ කරේ දමාගෙන සිටි සළුව අතරේ තියා ගත්තා. කුඹුරු වැඩ ඉවර වෙලා ආපසු යද්දී ඒ දියවළට කකුළුවාව දමා ගියා. එදා පටන් බෝධිසත්වයෝ කුඹුරට ගිය ගමන් අර දියවළට යනවා. එතකොට ඒ හැඩකාර රන් කකුළුවා බෝසතුන් ළඟට දුවගෙන එනවා. එතකොට බෝධිසත්වයෝත් කකුළුවාව ආදරයෙන් අරගෙන තමන්ගේ උතුරු සළුවේ තියා ගන්නවා. කුඹුරු වැඩ අවසන් වුණාම ආයෙමත් අරගෙන ගිහින් වතුරට දානවා. මේ නිසා මේ දෙන්නා අතර තද හිතවත්කමක් ඇති වුණා.

බෝධිසත්වයෝ නිතරම පාහේ කුඹුරට එනවා යනවා. බෝධිසත්වයන්ට ඉතාමත් ලස්සන සුවිශාල නේත්‍රා දෙකක් තිබුණා. ඒ අලංකාර දෑසට කවුරුත් කැමතියි. බෝධිසත්වයන්ගේ කුඹුර අසබඩ තිබුණ තල්ග සක එක්තරා කපුටු කූඩුවක් තිබුණා. දවසක් ඒ කූඩුවේ සිටිය කපුටියක් බෝධිසත්වයන් දෙස බලා සිටියා. 'ෂා... හ්... මේං... මේකාගේ ඇස් දෙකේ ලස්සන. මැණික් ගුලි දෙකක් වගේ නොවැ. අනේ මට මේකාගේ ඇස්ගෙඩි දෙක ලොඳ පිටින් කන්ට ඇත්නම්... ඔව්... අපේ මහකපුටාට කියා කොහෝම හරි මේකාගේ ඇස් ගෙඩි දෙක උපුටාගෙන කන්ට ඕනෑ' කියා සිතුවා. එදා කපුටා ආ වෙලාවේ කපුටී කෙඳිරි ගගා අසනීප වගක් පෙන්නුම් කළා.

"ඇයි... සොඳුරී ඔයා කෙඳිරි ගගා ඉන්නේ?"

"අනේ... ස්වාමී... මට දොළ දුකක් උපන්නා. මට ඒක කොහොම හරි ඉෂ්ට කරගන්ට ඕනෑ."

"හරි ඉතින්... කියන්ටකෝ... මොනාටද ඔයා ආසා?"

"මේ... ඔයාට පේනවා නේද අර අතන ඉන්න බ්‍රාහ්මණයා? මට ඕං ඔය පුද්ගලයාගේ අර මැණික්ගුලි වගේ පේන ඇස්ගෙඩි දෙක ලොඳ පිටින් කන්ට ඕනෑ."

"පිස්සුද මෝඩියේ... ඔයාගේ ඔය දොළ දුක නං ඉෂ්ට කරන්ට ඇහැකි එකක් නොවෙයි. මුන්දැගේ ඇස්ගෙඩි දෙක ගන්ට ඇහැකි කාටද... හනේ... හනේ... මේ ගෑණුන්නේ දොළ දුක්වල හැටි."

"නෑ... අනේ... මට පිස්සු නෑ... ඔයැයිට නම් බැරිව ඇති. ඒත් මං නොවැ දන්නේ වැඩේ. මං ඔයැයිට ඒක කෙරෙන හැටි කියන්නම්. අපේ මේ තල්ගස තියෙනවා නේ. මේ තල්ගසට වැඩි ඈත නෑ. ආං... අතන ඔයැයිට පේනවැයි තුඹසක්. මං දැක්කා ඕකේ මහා භයානක නාගයෙක් ඉන්නවා. ඔයා ගොහින් ඒකට උපස්ථාන කොරන්ට. ඒකා ලවා දෂ්ට කරවා බ්‍රාහ්මණයාව මරවන්ට. ඊට පස්සේ ඇස් ගෙඩි දෙක උපුටාගෙන එන්ට පුළුවන් නොවැ."

"හෝ... උඹැහේ හරි නුවණක්කාරියක් නොවැ. ඒ වැඩේ නං හරි තමා" කියලා කපුටා එදා පටන් අර නාගයාට උපස්ථාන කරන්ට පටන් ගත්තා.

බෝධිසත්වයන් වපුරපු කුඹුරේ ගොයම් බංඩි වැදීගෙන එද්දී අර රන් කකුළුවාත් විශාල සතෙක් බවට පත්වුණා. දවසක් තමන්ට උපස්ථානයට එන කපුටාගෙන් නාගයා මෙහෙම ඇසුවා. "හෝ... මිත්‍රය... තොප මට නිබඳව බැති පෙමින් උපස්ථාන කරනවා

නොවැ. එතකොට මං කොහොමෙයි තොපට ප්‍රත්‍යුපකාර කරන්නේ?"

"අනේ... ස්වාමී... තමුන්නාන්සේගේ දාසිය වන මයෙ කපුටි ඉන්නේ දොළදුකින්. ඈට මේ කුඹුරු අයිතිකාරයාගේ ඇස් ගෙඩි තමයි කන්ට ආසා. ඉතින් අපට ඒක කරගන්ට ඇහැක් වෙන්නේ තමුන්නාන්සේගේ ආනුභාවයෙන් තමා. මං ඒකට උදව්වක් පතාගෙනයි මේ උපස්ථාන කරන්නේ."

"ඕ... එහෙමද? එහෙනම් එය එසේ ම වේවා. මට ඒක මහා බරපතල දෙයක් නොවේ. උන්දැගේ ඇස්ගෙඩි දෙක තොගේ මායියාට ලැබේවි. සතුටින් හිටහංකෝ" කියලා නයා කපුටාව අස්වැසෙව්වා. පසුවදා නාගයා බ්‍රාහ්මණයා එන පාරේ කුඹුරේ කෙළවරේ තණකොළ අස්සේ සැඟවී ඔහු එනතුරා මග බලාන උන්නා.

බෝධිසත්වයෝ මුලින්ම ඇවිත් දියවළට බැස්සා. මුව සෝදාගත්තා. තමන් ළඟට ආ රන් කකුළුවාට ආදරය දැක්කුවා. කකුළුවාව උතුරු සළුවට හොවා ගත්තා. කුඹුරට යන්ට පියවර තැබුවා. සැඟවී සිටි නාගයා වේගයෙන් පන්නාගෙන ඇවිත් බෝධිසත්වයන්ගේ මස්පිඬුවට හොඳට විෂ දළ වදින්ට දෂ්ට කළා. බෝධිසත්වයෝ එතැන ම ඇදගෙන වැටුණා. නාගයා තුඹසට පලා ගියා.

බෝධිසත්වයෝ වැටෙනකොට ම රන් කකුළුවා උතුරු සළුවෙන් එළියට පැන්නා. එතකොට ම කපුටා ඇවිත් බෝධිසත්වයන්ගේ උරයේ වැහුවා. බෝධිසත්වයන්ගේ ඇස් දෙක ළඟට හොටය දික් කළා. "හෝ... මේ කපුටා නිසා මගේ ආදර මිතුරාට මහත් අනතුරක් වෙන්ට යන්නේ. මං මේකාව අල්ලා ගත්තා ම නාගයා එන්නේ

නැතෑ" කියා යකඩ අඬුවකින් තදින් අල්ලනවා වගේ කපුටාගේ බෙල්ලෙන් අල්ලා ගත්තා. අඬුවෙන් තදකොට කපුටාව ක්ලාන්ත කොට ටිකාක් බුරුල් කළා. කාක්කා කෑ ගසන්ට පටන්ගත්තා. "යාළුවා... ඇයි නුඹ මං දාලා පලා යන්නේ? මේ කකුළුවෙක් මාව අල්ලාගෙන හිංසා කරනවා. මාව මරන්ට කලිං වරෙන් මගේ නයෝ" කියා මේ ගාථාව පැවසුවා.

(1).
අනේ මිතුර මෙන්න මෙන්න -
ඇස් එළියට නෙරා ආපු
ඇට කටුව ම සම කොට ගත් -
දියේ වසන මේ සතා
ඇගේ මවිල් කිසිවක් නැති -
අඬුවලින් සැදුණු අං දෙක ඇති
මේ රන් පැහැ කකුළුවා -
අඬුවෙන් අල්ලාගෙන මාව පෙළනවා
අනේ මං දැන් අසරණයි -
ඇයි ද මිතුර තොප මා හැර ගියේ

මහණෙනි, කපුටාගේ මේ කතාව ඇසුණා විතරයි නාගයා ඇත පටන් පෙණය පුප්පාගෙන වේගයෙන් ආවා" කියා භාග්‍යවතුන් වහන්සේ මේ ගාථාව වදාළා.

(2)

එතකොට ඇත ඉඳන් නාගයා -
මහා පෙණය පුප්පාගෙන පිඹිමින් එන්නේ
තමන්ගෙ කපුටු මිත්‍රයා රකින්ට
කකුළුවාගෙ මැදටයි දැන් නයා පනින්නේ
එසැණින් කකුළුවා නයි බෙල්ලත් අල්ලා ගන්නේ

ඊට පස්සේ කකුළුවා නයාගේ බෙල්ලත් හොඳට තද කොට උගුත් ක්ලාන්ත වුණාම ටිකාක් බුරුල් කළා. නයා මෙහෙම කල්පනා කළා. 'යකොඩො... මේක හරි වැඩක් නොවැ. මෙතෙක් කාලෙකට මං නම් දැනං හිටියේ කකුළුවෝ කවරදාකවත් කපුටු මස් කන්නෙත් නෑ, නයි මස් කන්නෙත් නෑ කියලයි. එහෙනම් අසවල් දේකට ද මේකා අපිව අල්ලා ගත්තේ" කියා නයා මේ ගාථාව පැවසුවා.

(3)

කිසිදා ලොව කකුළුවෙක් බඩගින්න නිවාගන්ට
කපුටු මසක් සර්ප මසක් ගන්නෙ ම නෑ කන්ට
එළියට ආ ඇස් ඇති කකුළුවාණෙනි
ඇයි ද සිතුවෙ අපි දෙන්නව දඩයමකට ගන්ට
මං මේ සිතුවේ ඒකයි තොපෙන් අසන්ට

එතකොට කකුළුවා මේ ගාථාවලින් නයාට පිළිතුරු දුන්නා.

(4)

මේ වැටී සිටින කෙනා මගේ යහපතට යි ආසා
මොහු ආදරයෙන් මාව රැගෙන දමනවානෙ දියට
මොහු මැරුණොත් ඇතිවෙන දුක ඉවසන්නට බෑ මට
එහෙම වුණොත් මාත් මෙයත් අපි දෙන්නම
තවදුරටත් ජීවත් නොම වෙනු ඇත

(5)

මගේ හොඳට හැදුනු වැඩුනු ලොකු සිරුරත් දැක
මහත් මොළොක් රසවත් මස් කන්ට යොදා සිත
බොහෝ දෙනෙක් තනි වූ විට මා වනසනු ඇත
මා දැක කපුටො කරන්නෙත් මට හිංසා කරනා එක

එතකොට නාගයා මෙහෙම හිතුවා. 'එහෙනම් දැන් කරන්ට තියෙන්නේ හෙමිහිට මේ කකුළුවා රවටා කපුටාත් මාත් ගැලවී පැන යාම යි' කියා මේ ගාථාව පැවසුවා.

(6)

තෝ අපි දෙන්නව අල්ලාගත්තේ -
මේ මිනිහ නිසා නං
මේ මිනිසා සිහි ලැබ නැගී සිටීවා -
මං දැන් මේකාගේ විෂ උරන්ට ගන්නවා
මේ මිනිහගෙ සිරුර පුරා විෂ පැතිරෙන්නට කලිං
මාවත් මේ කපුටාවත් හනිකට නිදහස් කරපං

එතකොට කකුළුවා මෙහෙම සිතුවා. 'හෝ... දැන් මේකා හදන්නේ මාව රවටා දෙන්නා ම පලායන්ටයි. හරි... මේකා දන්නැතිව ඇති මටත් මොළේ තියෙන වග. මේ වෙලාවේ නයාට යන්ට ඇහැක් විදිහට අඬුව බුරුල් කරන්ට ඕනෑ. නමුත් මේ කපුටාව නම් මං නිදහස් කරන්නේ නෑ.' මෙහෙම සිතා කකුළුවා මේ ගාථාව පැවසුවා.

(7)

එහෙනම් මං දැන් නයාව නිදහස් කරනවා
කපුටා නං දිගට ම මං තියාගන්නවා
තොපගේ වචනෙට ඇපකරුවෙක් විලස තියනවා
මේ මිනිහා නිදුක් නිරෝගිව සුවපත් වූ බව මං දැක
තොප නිදහස් කළ ලෙසින් ම -
කපුටා මං නිදහස් කරනවා

මෙහෙම පැවසූ කකුළුවා නයාට යන්ට ඇහැක් ලෙසට අඬු බුරුල් කොට නිදහස් කළා. නාගයා විෂ ඔක්කෝම

ආපසු උරාගත්තා. එතකොට බෝධිසත්වයන්ගේ ශරීරයේ විෂ නැතිව ගියා. නිදුක්ව නිරෝගීව ප්‍රකෘති තත්වයෙන් ම නැගී සිටියා. කකුළුවා මෙහෙම සිතුවා. 'ඒ උනාට මේ නයයි කපුටයි දෙන්නාම නීරෝගිව හොඳින් සිටියොත් මගේ හිතවතාට දියුණුවක් වෙන්ට තියන්නේ නෑ' කියා සිතා කතුරකින් මානෙල් දණ්ඩක් කපන සෙයින් අඬු දෙකෙන් තද කොට කපුටාගේත්, නාගයාගේත් හිස කපා දැම්මා. කපුටී කෑ ගසාගෙන පලාගියා. බෝධිසත්වයෝ මිය ගිය නාගයාව දණ්ඩක වෙලා පඳුරකට වීසි කළා. රන් කකුළුවාව දියවළට දැම්මා. වතුර නාගත් බෝධිසත්වයෝ සාලින්දිය ගමට ම ගියා. එදා පටන් බෝධිසත්වයොයි කකුළුවයි අධිකතර මිත්‍රත්වයෙන් යුතුව වාසය කළා.

මෙය වදාළ භාග්‍යවතුන් වහන්සේ චතුරාර්ය සත්‍ය ධර්මය වදාළා. ඒ දේශනාව අවසානයේ බොහෝ දෙනෙක් සෝවාන් ආදී මාර්ගඵලයන්ට පත් වුණා. භාග්‍යවතුන් වහන්සේ මේ ගාථාව වදාළා.

8. **දේවදත්ත තමයි එදා කපුට වෙලා සිටියේ**
මාරයා තමයි දරුණු නාගයාව සිටියේ
රන් කකුළුවා ලෙසින් අපගෙ ආනන්දයි සිටියේ
මම යි එදා බමුණා වී මේ කතාවෙ සිටියේ

ඒ වගේම කපුටි වෙලා සිටියේ චිංචිමාණවිකාව කියා භාග්‍යවතුන් වහන්සේ මේ ජාතකය නිමවා වදාළා.

05. මයිහක ජාතකය

මගේ කියමින් සිතා සිට සියල්ල අත්හැර මිය ගිය සිටුවරයාගේ කතාව

පින්වතුනේ, පින්වත් දරුවනේ,

සමහර අය තමන් සන්තක දේවල් මගේ මගේ කියමින් අධික ආශාවෙන් ඉන්නවා. නමුත් තමාවත් ඒවා නිසි අයුරින් පරිහරණය කරන්නේ නෑ. ඒවායින් අනුන්ට යහපතක් සලසන්නෙත් නෑ. තමාත් මරණින් මතු තමන්ගේ කර්මානුරූපව කොහේ හරි දුගතියක ඉපදෙනවා. එබඳු අවාසනාවන්ත ඉරණමක් කරා ගිය සිටුවරයෙකු ගැනයි මේ කතාව.

ඒ දිනවල අපගේ භාග්‍යවතුන් වහන්සේ වැඩ වාසය කොට වදාළේ සැවැත් නුවර ජේතවනයේ. ඔය කාලේ සැවැත් නුවර එක්තරා සිටුවරයෙක් හිටියා. මොහුගේ නම ආගන්තුක සිටු. ඒ වගේම මොහුට අපුත්තක සිටාණ කියාත් කියනවා. මොහුට මහත් ධන සම්පත් තිබුණා. සැප සම්පත් පිරී තිබුණා.

නමුත් තමා සන්තක දෙය මොහු පරිහරණය කළෙත් නෑ. අන්‍යයන්ගේ යහපතට යෙදවූයෙත් නෑ. ප්‍රණීත රසයෙන් යුතු නොයෙක් සූපව්‍යංජනාදියෙන් යුක්ත මධුර භෝජනය ගෙන ආ විට මොහු අහක

බලාගන්නවා. කාඩි හොදිත් එක්ක බාල වර්ගයේ සහළින් පිසූ බත තමයි මොහු කන්ට ආසා. සුවඳ ගල්වන ලද සිනිඳු කසී සළු ගෙනත් දුන් විට ඒ දිහාත් බලන්නේවත් නෑ. ගොරෝසු රළු හණරෙද්දෙන් කළ වස්ත්‍ර අඳින්ටයි මොහු ආසා. ආජානීය අශ්වයන් යෙදූ, මුතුමැණික්වලින් සැරසූ අලංකාර අශ්ව රථය පිළියෙල කළ විට මොහු ඒ පැත්තවත් බලන්නේ නෑ. දිරාගිය බාල රථයෙන් තමයි ගමන් යන්නේ. උසුලාගෙන යන්නේ පරණ තල් කොළ කුඩයක්. මොහු ජීවත් වුණු මුළු කාලය පුරාම කිසිදාක දානයක් දුන්නේ නෑ. වෙනත් පින්කමක් කළෙත් නෑ. මරණින් පස්සේ රෞරව කියන නරකාදියේ උපත ලැබුවා.

කිසි අයිතිකාරයෙක් නැති මොහුගේ වස්තුව රාජසන්තක වුණා. දිවා රාත්‍රී දෙකේ සතියක් පුරාවට මොහුගේ වස්තුව රජගෙදරට ඇද්දා. සතිය ඇවෑමෙන් පස්සේ රජ්ජුරුවෝ උදෑසන ආහාර අනුභව කොට භාග්‍යවතුන් වහන්සේව බැහැදකින්ට ගොස් ආදරයෙන් වන්දනා කොට එකත්පස්ව වාඩිවුණා. භාග්‍යවතුන් වහන්සේ කෝසල නිරිඳාගෙන් මෙසේ අසා වදාළා.

"මහරජ්ජුරුවෙනි, ඔබව ටික දිනක් දකින්ට ලැබුණේ නෑ."

"අනේ ස්වාමීනී, ආගන්තුක සිටාණන් නමින් සිටිය කෙනා කළුරිය කළා නොවැ. ඔහුගේ මරණයෙන් පස්සේ ඒ මහා ධනස්කන්ධයට අයිති කවුරුවත් සිටියේ නෑ. ඉතින් ඒ ඔක්කෝම ආණ්ඩුවට අයිති වුණා. අනේ ස්වාමීනී, මේ සිටුවරයා තමන්ගේ ධනයෙන් කිසිම සැපක් වින්දේ නෑ. අනුන්ට උපකාරයක් කළෙත් නෑ. රකුසෙක් අරක්ගත් විලක් වගේ ඔහේ තිබුණා. ස්වාමීනී,

මෙතරම් මසුරු, ලෝභී, පිනක් නොකළ සත්වයෙකුට මෙතරම් මහත් ධනයක් ලැබුණේ කොහොමද? ඇයි ඒවා පරිහරණය කරන්ට මොහුට සිතක් පහළ නොවුනේ?"

"මහරජ, ධනය ලැබුනෙත් තමා විසින් කළ දෙයක් නිසා. ඒ ධනයෙන් සැපසේ කා බී සිටින්ට සිතක් පහළ නොවුනෙත් තමා විසින් ම කරගත් දෙයක් නිසා."

"අනේ ස්වාමීනී, මේ පුද්ගලයාට මෙසේ වුනේ ඇයි ද කියා අපට පහදා දෙන සේක්වා."

එතකොට භාග්‍යවතුන් වහන්සේ මේ අතීත කතාව ගෙනහැර දක්වා වදාළා.

"මහරජ, ගොඩාක් ඉස්සර කාලෙක බරණැස් පුරේ බ්‍රහ්මදත්ත නමින් රජ්ජුරු කෙනෙක් රාජ්‍ය විචාරමින් සිටියා. ඔය කාලේ බරණැස සිටිය සිටුවරයාට පින් පව් ගැන කිසි විශ්වාසයක් තිබුණේ නෑ. ඒ වගේ ම මසුරුයි. කාටවත් කිසිවක් දෙන්නේ නෑ. කාටවත් සලකන්නේ නෑ. දවසක් මොහු රාජ උපස්ථානයට යද්දී තගරසිඛී නමැති පසේබුදුරජාණන් වහන්සේ පිඬු සිඟා වඩිමින් සිටියදී මුණ ගැසුණා. එතකොට මොහු සමීපයට ගිහින් ගරුසරු දක්වා "ස්වාමීනී, දානෙ ලැබුණා ද?" කියා ඇසුවා. "සිටුතුමනි, පිඬු පිණිස යනවා නොවැ මං" කියා උන්වහන්සේ පිළිතුරු දුන්නා. එතකොට මොහු පුරුෂයෙකුට අණ කළා. "මේ මෙහෙ වරෙං. මේ භික්ෂුව අපගේ සිටු නිවසට එක්කරගෙන පලයං. මං වාඩිවෙන අසුනේ වාඩි කරවා මට පිළියෙල කළ ආහාරයෙන් පාත්තරේ පුරවා බෙදාපං" කියා පිටත්ව ගියා.

ඉතින් අර සේවකයා පසේ බුදුන්ව සිටු නිවසට

වඩමවාගෙන අසුනෙහි වඩා හිඳුවා සිටුබිරිඳට විස්තර පවසා සිටියා. සිටු බිරිඳත් ඉතාම සතුටු වුණා. නොයෙක් රසයෙන් යුක්ත වූ සූපව්‍යඤ්ජනවලින් යුතුව මධුර භෝජනය පාත්‍රය පුරා බෙදා පූජා කරගත්තා. පසේ බුදුරජ දාන පාත්‍රය අතට ගෙන සිටු නිවසින් නික්ම ඇතුළු නුවර වීදියෙන් පිටත් වුණා.

සිටුතුමා රජමැදුරට ගොහින් ආපසු එද්දී තමන් ඉදිරියේ මුණගැසෙන පසේ බුදුන්ට ගරුසරු දක්වා මෙසේ විමසුවා. "ස්වාමීනී, කොහොමෙයි... දානෙ ලැබුණැයි?"

"ලැබුණා මහා සිටුවර."

එතකොට මොහු උන්වහන්සේ අත තිබූ දානෙ පාත්‍රයට බෙල්ල දිගුකොට බැලුවා. දුටු පමණින් ඇති වුණේ අසතුටයි. "ෂැහ්... මං මේ බොරු වැඩක් කරගත්තේ. මේ බත් වේල දාසයන්ට හරි කම්කරුවන්ට හරි දුන්නා නම් සෑහෙන වැඩක් ගන්ට තිබ්බා" කියලා දානයෙන් පස්සේ ඇති කරගත යුතු සතුට ඇති කරගත්තේ නෑ.

මේ නිසා මහරජ, තගරසිඛී පසේ බුදුන්ට පූජා කරගත් දානයේ විපාක වශයෙන් මොහුට මහා ධනයක් ලැබුණා. නමුත් මොහු තමන් දුන් දානය ගැන අසතුටු වූ නිසා අනුභව කොට ඒ ධනයෙන් සැපක් විඳින්ට සිත නැමෙන්නේ නෑ.

"එතකොට ස්වාමීනී, මොහුට දරුවන් නැත්තේ ඇයි?"

"මහරජ දරුවන් නොලැබෙන්ට කරුණු සලසා ගත්තෙත් තමන් ම යි." එතකොට කොසොල් රජු ඒ කාරණයත් පහදා දෙන ලෙස භාග්‍යවතුන්

වහන්සේගෙන් ඉල්ලා සිටියා. එතකොට භාග්‍යවතුන් වහන්සේ මේ අතීත කතාව ගෙනහැර දක්වා වදාළා.

"මහරජ, ගොඩාක් ඉස්සර කාලෙක බරණැස් පුරේ බ්‍රහ්මදත්ත නම් රජ්ජුරු කෙනෙක් රාජ්‍ය විචාරමින් සිටියා. ඔය කාලේ මහා බෝධිසත්වයෝ අසූ කෝටියක ධනයකට හිමිකම් කියන සිටු පවුලක උපන්නා. තමන් දැන උගත්කම් ඇතිව වියපත් වුණාට පස්සේ මාපියන්ගේ අභාවයෙන් පස්සේ තමන්ට බාල සහෝදරයාටත් සලකමින් පවුල් ජීවිතයක් ගත කළා. බෝධිසත්වයන්ට එක් පුත්‍රයෙකුත් සිටියා. බෝධිසත්වයෝ ගේ ඉදිරියේ දන්සැලක් කරවා දිනපතා මහදන් දෙමින් ගිහි ගෙදර වාසය කළා.

තමන්ගේ පුත්‍රයා ඇවිද යන වයසේදී බෝධිසත්වයන්ට ගිහි ගෙදරට ඇති ඇල්ම නැති වෙලා ගියා. පැවිදි වෙන්ට ම ආසාව ඇති වුණා. එතකොට බෝධිසත්වයෝ තමන්ගේ පුත්‍රයාවයි බිරිඳයි සියලු දේපල වස්තුවයි බාල සහෝදරයාට පැවරුවා. "මලණ්ඩ, මං පවත්වාගෙන ආ දන්සල දිගටම උඹත් පවත්වාපන්" කියා අප්‍රමාදී වීමේ අනුසස් කියා හිමාලයට ගොස් ඍෂි පැවිද්දෙන් පැවිදි වුණා. ධ්‍යාන අභිඥා සමාපත්ති උපදවාගෙන වාසය කළා.

ටික කලක් යද්දී බාල සහෝදරයාටත් පුතෙක් ලැබුණා. දරුවා වැඩෙද්දී ඔහු මෙහෙම සිතුවා. 'මගේ සහෝදරයාගේ පුතා ජීවත් වුණොත් මේ දේපළ වස්තුව දෙකට බෙදන්ට වෙනවා. නෑ... එහෙම කොහොමෙයි කරන්නේ. මයෙ එකාට තමයි මේ හැම දෙයක් ම අයිති වෙන්ට ඕනෑ. අයියණ්ඩිගේ පුතා මැරිලා ගියාම මොකෝ'

කියලා මෙහෙම සිතා දවසක් මොහු නාන්ට ගඟට යද්දී අයියාගේ පුතා කැඳවාගෙන ගියා. දරුවා නාන්ට ගඟට බසිද්දී ගඟේ ගිල්වා මරා දැම්මා. තමන් තනියම ගෙදර ආවා. අයියාගේ බිරිඳ "මයෙ පුතා කෝ?" කියා ඇසුවා. "ඒකනේ කියන්නේ අක්කා... මේ දරුවාගේ මුරණ්ඩුකම නිසා මේ විපත වුණේ. මං ගඟ මැදට යන්ට එපාම කීවා. ඇසුවේ නෑ. ගඟේ ගිලුණා. අපි සෙව්වා සෙව්වා සොයාගන්ට බැරි වුණා." එතකොට ඈ පුතු සිහි කොට හඬ හඬා සිටියා.

බෝධිසත්වයෝ මේ සිදුවීම දිවැසින් දැක්කා. මේ අසත්පුරුෂයාගේ ක්‍රියාව ප්‍රකට කරවන්ට ඕනෑ කියා සිතා අහසින් ඇවිත් බරණැසට පැමිණියා. ඔහුගේ නිවස ඉදිරියේ සිටගෙන බලද්දී තමන් ඒ කාලේ දන් දුන් දන්සැල පවා එතැනින් කඩා ඉවත්කොට තිබුණා. බාල සහෝදරයා බෝසතුන් පැමිණි වග අසා ඇවිත් ගරුසරු දක්වා නිවසට වඩමවාගෙන දන්පැන් දුන්නා. දානයෙන් පස්සේ බෝධිසත්වයෝ මෙහෙම ඇසුවා.

"කෝ අපේ පුත්‍රයා පේන්ට නැත්තේ, කොහේ ගිහින් ද?"

"අනේ ස්වාමීනී, අපේ ලොකු පුතා මළා නොවැ."

"අනේ... ඒ කොහොමද වුණේ?"

"ස්වාමීනී... එදා මාත් එක්ක නාන්ට ගොහින් මේ දරුවා එපා කියද්දී ගඟේ සෙල්ලම් කරන්ට පටන් ගත්තා. ඊට පස්සේ මොනා වුණාද දන්නෑ. අපි සෙව්වා සෙව්වා... සොයාගන්ට බැරි වුණා."

"ඈ... අසත්පුරුෂයා... තෝ දන්නැත්තේ මොකෝ? තෝ නොවැ දරු පැටියා වතුරේ ගිල්ලවා මැරුවේ. තෝ කළ වැඩේ තෝ දන්නවා නොවැ. තෝ අපේ දරුවා මැරුවේ වතුරේ ගිල්ලවා. එතකොට තෝ හිතාන ඉන්නේ රජවරුන්ගේ වසඟයේ තිබෙන ධනයත් නැසී යන එකේ තොට විතරක් පරෙස්සම් කරන්ට ඇහැකියි කියල ද? මේක හොඳට අසාපන්. මය්හක කියලා පක්ෂියෙක් සිටියා. ඒකාත් හැම තිස්සේ ම මගේ මගේ කියලයි කෑ ගසන්නේ. තෝත් ආන්න ඒ පක්ෂියාට වඩා වැඩි වෙනසක් නෑ" කියා බෝධිසත්වයෝ මේ ගාථාවන් පැවසුවා.

(1). මය්හක යන නමින් සිටින කුරුල්ලා
කඳුහෙල් බෑවුම් අතරේ යනවා පියාඹා
ගෙඩි ඉදී තිබෙන පුලිල ගසේ අත්තෙ වසාලා
මගේ මගේ කියමින් හඬ හඬා ඉන්නවා

(2). ඌ මගේ මගේ කියමින් හඬ හඬා සිටිද්දී
ඇවිදින් අනිත් කුරුල්ලෝ ගෙඩි කා ඉගිලෙනවා
අත්තෙ වසා මය්හකයා හඬ හඬා ඉන්නවා

(3)

ඒ වගේ ම මේ ලෝකේ ඇතැම් කෙනෙක් ඉන්නවා
ලෝභෙන් නිතරම ඔවුන් බොහෝ ධන රැස් කරනවා
කාටවත් ම ඒ රැස්කළ ධනය නොදී ඉන්නවා
නෑයන්ටත් නොදී තමන් නොකා නොබී ඉන්නවා

(4)

ඔහු ඒවා වියදම් කොට නෑ බත් කන්නේ
- නෑ ඇඳුම් අඳින්නේ
මල් මාලාවලින් එයා නෑ සැරසෙන්නේ
- නෑ සුවඳත් ගල්වන්නේ

අඩුගණනේ ජීවිතේට එක් වරකට හෝ
- නෑ ධනයෙන් වැඩගන්නේ
නෑයන් කිසිවෙකුටත් ඔහු නෑ සලකන්නේ

(5)

මගේ මගේ යයි හඬමින් ඔහු ධනය රකින්නේ
රජවරු හෝ සොරු හෝ -
තමා අකැමැති අය හෝ ඇවිදින්
ඔහුගේ වස්තුව ඒ අය අරගෙන යන්නේ
ඒ මිනිහා මගේ මගේ කිය කියා හඬන්නේ

(6)

නුවණැති මිනිහා රැස් කළ ධනයෙන් වැඩ ගෙන
තමාත් අනුභව කොට නෑයන් හට සලකන්නේ
එනිසා ඔහුගේ කිතුගොස පැතිරී යන්නේ
පරලොව සුගතියෙ ඉපදී සතුට ලබන්නේ

බෝධිසත්වයෝ මේ විදිහට දහම් දෙසා නැවතත් දන්සැල පිහිටෙව්වා. හිමාල වනයට ගිහින් වාසය කළා. මරණින් මතු බඹලොව උපන්නා.

මහරජ, එදා තම සහෝදර සිටුවරයාගේ දරුවා මැරූ නිසා මෙතෙක් කල් සසරේ ඔහුට දූවෙක් හෝ පුතෙක් හෝ ලැබුණේ නෑ. මහරජ, එදා බාල සහෝදර සිටුවරයාව සිටියේ ඔය අභාවයට පත් වූ ආගන්තුක සිටු ම යි. වැඩිමහල් සිටුවරයාව සිටියේ මම" යි කියා භාග්‍යවතුන් වහන්සේ මේ ජාතකය නිමවා වදාළා.

06. ධජවිහේඨ ජාතකය
වැරදි වැටහීම නිසා පැවිද්දන් පළවා හළ රජුගේ කතාව

පින්වතුනේ, පින්වත් දරුවනේ,

මිනිසුන් නොමග යාමට, වැරදි වැටහීම් ඇතිකර ගැනීමට මහ වේලාවක් යන්නේ නැහැ. සුළු කරුණකිනුත් ඔවුන්ව නොමග යවන්ට පුළුවනි. රටක රජුට වුණත් එහෙමයි. යම් හෙයකින් රටක පාලකයා නොමග ගියොත් ඒ හේතුවෙන් බොහෝ අයට ගුණධර්ම දියුණු කරගැනීමේ අවස්ථාව අහිමි වෙනවා. එතකොට ඔවුන්ට සුගතියත් අහිමි වෙනවා. සත්පුරුෂයෙකුගේ මැදිහත් වීමෙන් තමයි ඔවුන්ට යහපත උදාවෙන්නේ. මෙය එබඳු කතාවක්.

ඒ දිනවල අපගේ භාග්‍යවතුන් වහන්සේ වැඩ වාසය කොට වදාළේ සැවැත්නුවර ජේතවනයේ. එදා දම්සභා මණ්ඩපයට රැස් වූ භික්ෂූන් වහන්සේලා භාග්‍යවතුන් වහන්සේ විසින් ලෝකයට යහපත සැලසීම ගැන මහත් ගෞරවාදරයෙන් යුක්තව කතා කරමින් සිටියා. ඒ අවස්ථාවේ භාග්‍යවතුන් වහන්සේ එතැනට වැඩම කොට වදාළා. භික්ෂූන් වහන්සේලා තමන් කතා කරමින් සිටි කරුණ භාග්‍යවතුන් වහන්සේට සැලකළා. භාග්‍යවතුන් වහන්සේ මෙසේ වදාළා.

"මහණෙනි, තථාගතයෝ ලෝකයට යහපත සැලසීම දැන් කරන්නේ සම්මා සම්බුද්ධත්වයේ පිහිටලා නොවැ. නමුත් මීට කලින් බෝධිසත්ව අවදියේ ආත්මවලත් කරලා තියෙන්නේ ලෝකයාගේ යහපත සැලසීම තමා" කියා මේ අතීත කතාව ගෙනහැර දක්වා වදාළා.

"මහණෙනි, ගොඩාක් ඉස්සර කාලෙක බරණැස් පුරේ බ්‍රහ්මදත්ත නමින් රජ්ජුරු කෙනෙක් රාජ්‍ය විචාරමින් සිටියා. ඔය කාලේ මහා බෝධිසත්වයෝ තව්තිසාවේ සක්දෙවිඳු තනතුරේ ඉපිද සිටියා. ඔය කාලෙ ම බරණැස එක්තරා විද්‍යාධරයෙක් සිටියා. මොහුට මන්ත්‍ර විද්‍යා ජපකොට අහසින් නොපෙනී යාමේ හැකියාව තිබුණා.

ඉතින් මොහු ඒ තමන්ගේ හැකියාවෙන් මැදියම් රැයෙහි බරණැස් රජ්ජුරුවන්ගේ අගමෙහෙසිය ළඟට ඇවිත් ඇය සමඟ අනාචාරයේ හැසිරෙනවා. ඇගේ සේවක ස්ත්‍රීන් මේ වැඩේ දැනගත්තා. එතකොට ඈ ම ගිහින් රජ්ජුරුවන්ට මෙහෙම කිව්වා. "දේවයන් වහන්ස, කවුදෝ පුරුෂයෙක් රෑ මැදියමේ මයෙ ළඟට ඇවිත් මාව දූෂණය කරනවා. මං ඒ වැඩේට කැමති නෑ ස්වාමි. ඉතින් මං මොකක්ද කරන්නේ?"

"හරි... දේවී... ඔයාට පුළුවනි ද ඒකාගේ ශරීරයේ මොකාක් හරි සලකුණක් ලකුණු කරන්ට?"

"පුළුවනි දේවයන් වහන්ස."

එදා රෑත් විද්‍යාධරයා මෙහෙසියගේ යහන් ගැබට ඇවිත් අනාචාරයේ හැසිරිලා පිටත් වෙන්ට සූදානම් වෙද්දී මෙහෙසිය රත්සිරියල් සායම් අතේ තවරාගෙන ඔහුට නොතේරෙන්ට ඔහුගේ පිටේ ඇඟිලි පහ ම හිටින්ට

සලකුණු තැබුවා. උදේ පාන්දරින් ම රජ්ජුරුවන්ට දැනුම් දුන්නා.

රජ්ජුරුවෝ රාජපුරුෂයන් කැඳෙව්වා. "මිත්‍රවරුනි, දැන් තොප සෑම තැන ම ගොහින් බලන්ට ඕනෑ. කාගේ හරි පිටේ රත්හිරියල් සායම්වලින් ඇඟිලි පහක සලකුණු පැහැදිලිව ඇති. ආං ඒකාව අල්ලාගෙන එන්ට ඕනෑ" කියලා කිව්වා. විද්‍යාධරයාත් රාත්‍රී කාලයේ අනාචාරයේ හැසිරිලා දවල් කාලේ සොහොනට ගොහින් තනි කකුලෙන් සිටගෙන සූර්ය නමස්කාර කරමින් සිටියා. රාජපුරුෂයෝ මේ පුද්ගලයාගේ පිටේ තියෙන ඇඟිලි පහේ සලකුණ හඳුනාගත්තා. "මේං... ඉන්නවා මාළිගාවට රෑට කඩාවදින සල්ලාලයා" කියා රාජපුරුෂයෝ මොහුව වට කරගත්තා. එතකොට ම මොහු මන්ත්‍ර මතුරන්ට පටන්ගත්තා. සැණෙකින් අහසට නැගී නොපෙනී ගියා. රාජපුරුෂයෝ ගිහින් රජ්ජුරුවන්ට මේ කාරණාව සැලකළා.

"හරි... එතකොට තමුසෙලා ඔය පුද්ගලයාව හොඳට හඳුනාගත්තා ද?"

"එහෙමයි... දේවයන් වහන්ස, අපි හොඳට දැක්කා."

"එතකොට කවුද ඕකා?"

"දේවයන් වහන්ස, ඒකා පැවිද්දෙක් !"

"හෑ... පැවිද්දෙක්... එතකොට ඒකා රාත්තිරියේ ගොහින් අනාචාරයේ හැසිරිලා ඇවිදින් දාවලට පැවිද්දෙකුගේ වේශයෙන් ඉන්නවා ඒ ? එතකොට මේකුන් දවල්ට මහණුන්නාන්සේලා. රෑට සල්ලාලයෝ...!

හත්... හරි... එහෙනම් අද පටන් මගේ විජිතයේ එක මහණුන්නාන්සේ නමක් තියන්නෑ. දැම්ම ම අඬබෙර විසුරෝපං... යම්තාක් පැවිද්දෝ මයෙ විජිතයේ ඉන්නවා ද, ඒකුන් ඔක්කෝටම වහාම... ඔව්... වහාම පලායන්ට කියාපං. හැබැයි එකෙක් හරි රාජ අණට අවනත නොවී නැවතුණොත් තරාතිරම නොබලා ඕනෑම එකෙක්ට දඬුවම් නියතයි."

එතකොට රාජපුරුෂයෝ හැම තැනම අඬබෙර පැතිරුවා. තුන්සිය යොදුනක් පුරා විහිදී තිබූ බරණැස් කසී රටේ සිටි සියලු පැවිද්දෝ අතට හසු වූ දේ ගෙන ඈත ජනපදවලට පලා ගියා. මුළු කසී රටට ම යහපත් බණ පදයක් කියාදෙන්ට ධාර්මික වූ එක ශ්‍රමණබ්‍රාහ්මණයෙක්වත් නැතිව ගියා. දැහැමි අවවාදයන්, ධර්ම කතාවන් අසන්ට නොලැබෙන මිනිස්සුන්ට කර්ම කර්මඵල ගැන ඇති විශ්වාසය නැතිව ගියා. මිනිස්සු ආත්මාර්ථකාමී වුණා. නපුරු වුණා. දුසිල් ජීවිත ගෙවන්ට පටන් ගත්තා. මැරෙන මැරෙන මිනිස්සු කර්මානුරූපව සතර අපායේ උපන්නා. දෙවියන් අතර උපදින්ට කෙනෙක් නැතිව ගියා.

අළුතින් කවුරුවත් දෙවියන් අතර උපදින්නේ නැති නිසා එයට හේතුව මොකක්ද කියා සක්දෙවිඳු මනුලොව දෙස බැලුවා. 'මේ එක තක්කඩි විද්‍යාධරයෙක් නිසා කුපිත වූ බරණැස් රජ්ජුරුවෝ ලෝකයේ සිල්වත් වූ පැවිද්දෝ නැත කියා මිසදිටුවකට පත් වෙලා නොවැ. ඒ නිසා තමුන්නේ විජිතයෙන් සියලු පැවිද්දන් පලවා හැරලා. මං හැර මේ රජ්ජුරුවන්ගේ මිසදිටු බිඳින්ට වෙන කෙනෙකුට නං බෑ. මං මේ බරණැස් රටවැසියන්ට පිහිට වෙන්ට ඕනෑ' කියා සිතා සක්දෙවිඳු පසේබුදුවරයන් වහන්සේලා වැඩ ඉන්න නන්දමූලක පර්වත බෑවුමට

ගියා. ගිහින් පසේබුදුවරයන් වහන්සේලාට වන්දනා කළා. "ස්වාමීනී, මට එක් මහලු පසේබුදුවරයන් වහන්සේ නමක් දෙන්ට. මං කසී රටේ රජ්ජුරුවන්ගේ සිත පැවිද්දන් ගැන පහදවන්නම්." එතකොට සක්දෙවිඳු එතැන වැඩ හුන් වැඩිමහළු පසේබුදුන්ව ම ලබා ගත්තා.

ඊට පස්සේ උන්වහන්සේගේ පාත්‍රා සිවුරු තමන් කරෙහි දමාගෙන උන්වහන්සේව පෙරටු කරගෙන හිස අත් මුදුන් දී වැඳගෙන පසු පසින් ගියා. පසේ බුදුන් පසු පසින් දොහොත් මුදුන් දී වැඳගෙන එන මේ තරුණයා දුටු දුටුවන්ගේ නෙත් සිත් වසඟ වන අලංකාර රූප ශ්‍රීයකින් යුතු වුණා. දැන් මේ පසේ බුදුනුත් පිටුපසින් එන තරුණයාත් මුළු බරණැස් නගරය මතින් තුන්වටක් ගොසින් රජමැදුරේ දොරටුව ළඟ අහසේ සිටගත්තා. රාජපුරුෂයෝ මෙය රජ්ජුරුවන්ට සැලකළා. "දේවයන් වහන්ස, රූප සම්පන්න වූ මනස්කාන්ත දේහ විලාස ඇති එක්තරා මානවකයෙක් වයසක මහණුන්නාන්සේ කෙනෙක් එක්ක ඇවිදින් රාජ ද්වාරය ළඟ ආකහේ හිටගෙන ඉන්නවා."

"හෑ... ඒ මොකෝ... උන්දැලා මෙහේ ආවේ?" කියලා රජ්ජුරුවෝ අසුනෙන් නැගිට ගොහින් සී මැදුරු කවුළුවෙන් පිටත බැලුවා. "අනේ ළමයෝ... නුඹ නම් හරිම ලස්සනයි. පියකරුයි. දුටු දුටුවන්ගේ සිත ප්‍රසන්න වෙනවා. එතරම් හැඩකාර තරුණයෙක් වන උඹ මක්කටෙයි මේ කිසි හැඩරුවක් නැති විරූපී මහණුන්නාන්සේ කෙනෙකුගේ පා සිවුරුත් අංශයේ රුවා ගෙන මේකාට වන්දනා කොරගෙන ඉන්නේ?" කියා මේ ගාථාව පැවසුවා.

(1)

හතේ හපොයි මොකොදෑ මේ -
මෙතරම් ලස්සන හැඩරුව ඇති නුඹ
කිසි හැඩයක් නැති මේ පැවිද්දාව -
පෙරට රැගෙන මුන්දැට වැඳ වැඳ ඉන්නේ
මුන්දෑ තොපට වඩා උතුම් කෙනෙක් දෝ -
නැත්නම් දෙන්න ම සමාන දෝ
මුන්දෑගෙත් තොපගෙත් -
නම් මොනවා දැයි පවසව

එතකොට බෝධිසත්වයෝ රජ්ජුරුවන්ට මෙහෙම කිව්වා. "මහරජ, ශ්‍රමණයන් වහන්සේලාට මං ගොඩාක් ගරුසරු දක්වනවා. ඒ නිසා මං උන්නාන්සේලාගේ නම කියන්නේ නෑ. මගේ නම් මං කියන්නං" කියා මේ ගාථාව පැවසුවා.

(2)

රජ්ජුරුවෙනි මේ අහන්ට -
යහපත් සෘජු මග පිළිපන්
හැම කෙලෙසුන් නසා දැමූ -
සිත කය වදනින් පිවිතුරු
උතුමන්ගේ නම් ගොත් හැම -
දෙවිවරු වන අප නැත තෙපලන්නේ
මගේ නම නං තොපට පවසමි -
තව්තිසා දෙව්රජු වන සක්දෙවිඳු වෙමි මම්

මෙය ඇසූ රජ්ජුරුවෝ මේ ගාථාව ඇසුවා.

(3)

දෙවිඳුනේ එහෙනම් මට -
කියා දෙනු මැන මෙකරුණ
සිල් ගුණ දහම් යුතු - භික්ෂුවක් දකිනා යමෙක්
ඒ භික්ෂූන් ඉදිරියේ -
සැදැහැයෙන් වැඳුම් පිදුම් කරයි නම්
මෙලොවින් චුත වූ විට ඒ කෙනා -
පරලොවේ මොන සැපයක් ද ලබන්නේ

එතකොට සක්දෙවිඳු මේ ගාථාවෙන් පිළිතුරු දුන්නා.

(4)

සිල් ගුණ දහම් යුතු - භික්ෂුවක් දකිනා යමෙක්
ඒ භික්ෂූන් ඉදිරියේ -
සැදැහැයෙන් වැඳුම් පිදුම් කරයි නම්
ඒ කෙනා මේ ලොවේදී -
නැණවතුන්ගෙන් ලබයි පැසසුම්
චුත ව ගිය විට මේ ලොවින් -
පරලොවේ දෙව්ලොව ය උපදින්නේ

සක්දෙවිඳුගේ බසට සවන් දුන් රජ්ජුරුවෝ සියලු පැවිද්දෝ දුසිල් යන අදහස අත්හැරියා. ඒ භයානක මිසදිටුව බිඳ දැමූ රජු සතුටින් යුතුව මේ ගාථාව පැවසුවා.

(5)

අද නම් මට පහළ වුනේ -
සැබෑවට ම මගේ වාසනාව තමා
දෙවියන්ගේ රජිඳුන් වූ -
සක් දෙවිඳුන් දැක පින්පල අදහා ගම්

උතුම් ගුණැති භික්ෂුවකුත් දැකගන්නට ලැබුනා
සක් දෙවිඳුනි, ඔබ අද මං දුටු නිසා
මින් පසු මං බොහෝ පින් කර ගන්නවා

එතකොට සක් දෙවිඳුන් නුවණැති සත්පුරුෂයන්ට ස්තුති ප්‍රශංසා කරමින් මේ ගාථාව පැවසුවා.

(6)

යහපත් බොහො දේ ගැන - සිතන්ට පුළුවන් වන
බොහො ගුණ දම් ගැන ලොව - ඇසූ පිරූ අය වන
නුවණැති අය වෙත තමා - ඇසුරට ළං විය යුතු
යහපත් ශ්‍රමණුන් දැක - මාවත් දැක නිරිඳුනි
නිතර නිතර බොහො පින්කම් - එහෙනං ඔබ කළ මැන

සක් දෙවිඳුන්ගේ අවවාද ඇසූ රජ්ජුරුවෝ තමන්ගේ සතුට පවසමින් මේ ගාථාව පැවසුවා.

(7)

යහපත් ඔවදන් යුතු - අසා ඔබේ බස් දෙවිඳුනි
ක්‍රෝධ සිතින් තොර වෙමි - නිති පහන් සිතින් යුතු වෙමි
ආගන්තුකයන්ගේ බස - හොඳින් අසා දන් දෙමි
දුරු කොට පුහු මානය - වඳිනෙමි ගුණවතුනට

මෙසේ කියූ රජ්ජුරුවෝ වහා ප්‍රාසාදයෙන් බැස්සා. පසේ බුදුරජුන්ට වන්දනා කොට එකත්පස්ව සිටගත්තා. එතකොට පසේ බුදුරජාණෝ අහසේ ම පළඟක් බැඳගෙන වාඩි වුණා. "මහරජ, ඔබගේ මෙහෙසියට අතවර කළේ විද්‍යාධරයෙක්. ඔහු ශ්‍රමණයෙක් නොවේ. ශ්‍රමණයෙකු වීමේ ප්‍රතිපදාව ඔහු දන්නේ නෑ. එනිසා ඔබ මෙතැන් පටන් ලෝකය හිස් නැති බවත්, සිල්වත් ගුණවත් ධාර්මික ශ්‍රමණ බ්‍රාහ්මණයන් ඉන්නා බවත් සලකන්ට. දන් දෙන්ට.

සිල් රකින්ට. උපෝසථ පින්කම්හි යෙදෙන්ට" කියා අවවාද කළා.

සක් දෙවිඳුන් අහසේ සිටිමින් "නිරිඳුනි, දැන් ඉතින් ඔබ අප්‍රමාදී වෙන්ට. නගරයේ අණබෙර හසුරුවා පලාගිය ශ්‍රමණ බ්‍රාහ්මණයන්ට එන්ට කියන්ට" කියා අවවාද කොට පසේබුදුන් සමඟ අහසින් ම පිටත් ව ගියා. එතැන් පටන් රජ්ජුරුවෝ පින් කරන්ට පටන් ගත්තා.

මහණෙනි, එදායින් පස්සේ නැවතත් බොහෝ ජනයාට දානාදී පින් කරගන්ට අවස්ථාව සැලසුණා. ඒ කාලේ වැඩසිටි පසේ බුදුරජ පිරිනිවන් පෑවා. එදා රජු වෙලා සිටියේ අපගේ ආනන්දයෝ. සක්දෙවිඳුව සිටියේ මම" යි කියා භාග්‍යවතුන් වහන්සේ මේ ජාතකය නිමවා වදාළා.

07. භිසපුප්ඵ ජාතකය
නෙළුම් මලක් සිඹීම ගැන කතාව

පින්වතුනේ, පින්වත් දරුවනේ,

මේ ලෝකයේ යහපත අයහපත කියා දෙකක් තියෙනවා. සත්පුරුෂ අසත්පුරුෂ කියා මිනිසුනුත් දෙපිරිසක් ඉන්නවා. මෙයින් අසත්පුරුෂ අය දුස්සීලයි. ඔවුන්ගේ සිත, කය, වචනය යන තුන් දොර ම අපවිත්‍රයි. කිළිටි වී ගිය වස්ත්‍රයක් වගෙයි. මඩ වැකුණු වස්ත්‍රයක් වගෙයි. එහි ඇති විශේෂත්වයක් නෑ. නමුත් සත්පුරුෂයන් සීලසම්පන්නයි. ඔවුන් තමන්ගේ සිත, කය, වචනය පවිත්‍රව තබා ගන්නවා. කිළිටි නැති, මඩ නැති වස්ත්‍රයක් වගෙයි. එබඳු සත්පුරුෂ අය අතින් කුඩා වරදක් සිදු වුණත් සත්පුරුෂයන්ගේ දියුණුව කැමැති දෙවියෝ එබඳු අයගේ කුඩා වරදටත් ගරහනවා. යහපතෙහි පිහිටුවනවා. මේ එබඳු කතාවක්.

ඒ දිනවල අපගේ භාග්‍යවතුන් වහන්සේ වැඩ වාසය කොට වදාළේ සැවැත් නුවර ජේතවනයේ. ඔය කාලේ එක්තරා භික්ෂුවක් ජේතවනයෙන් නික්මිලා කොසොල් රටේ එක්තරා වනාන්තරයක් ඇසුරුකොට වාසය කළා. ඒ භික්ෂුව සිටිනා වනයේ නෙළුම් විලක් තියෙනවා. දවසක් මේ භික්ෂුව ඒ නෙළුම් විලට බැහැලා

සිටිද්දී නෙළුම් මල් පිස හමාගෙන සුළං එන පැත්තේ සිටගත්තා. ඒ මල් සුවඳ ආඝ්‍රාණය කළා. එතකොට වනයේ අධිගෘහිතව සිටි දේවතාවෙක් "නිදුකාණන් වහන්ස, ඔහේ වැනි අයට කියන්නේ සුවඳ හොරු කියලයි. ඔහේ කළ ඔය වැඩෙත් එක්තරා සොරකමක් තමයි" කියලා චෝදනා කළා. එතකොට ඒ භික්ෂුව මහා සංවේගයකට පත් වුණා. සංවේගයෙන් යුක්තව ම ජේතවනයට ගොහින් භාග්‍යවතුන් වහන්සේ බැහැදැක වන්දනා කොට එකත්පස්ව හිඳගත්තා. භාග්‍යවතුන් වහන්සේ මෙසේ අසා වදාළා.

"භික්ෂුව, ඔබ කොහේ ද වාසය කළේ?"

"අනේ ස්වාමීනී, මං සිටියේ අසවල් වනාන්තරේ කුටියක. ඒ වනයේ නෙළුම් විලක් තියෙනවා ස්වාමීනී. මං ඒ විලෙන් කිසි දවසක නෙළුමක් කැඩුවේ නෑ. නමුත් දවසක් මල් සුවඳ පිස හමාගෙන සුළං එන පැත්තට ගොහින් හිටගෙන මං ඒ මල් සුවඳ වින්දා. එතකොට මට දෙවියෙක් සුවඳ හොරාය කියා චෝදනා කොළා නොවැ. මට මහත් ලැජ්ජාවක් හටගත්තා. මහා සංවේගයක් උපන්නා.

"භික්ෂුව... මල් සුවඳ විඳින්ට ගොහින් දෙවියන් විසින් චෝදනා කොට සංවේගයට පත් කෙරුවේ ඔබව පමණක් නොවෙයි. ඉස්සර හිටිය පුරාණ පණ්ඩිතයන්වත් දෙවිවරු ඔය විදිහට සංවේගයට පත්කොට තියෙනවා."

"අනේ ස්වාමීනී, ඒ පුරාණ පණ්ඩිතවරුන්ව දෙවිවරු විසින් සංවේගයට පත් කළේ කොහොම දැයි කියා අපට වදාරණ සේක්වා!" යි ඒ භික්ෂුව භාග්‍යවතුන් වහන්සේගෙන් ඉල්ලා සිටියා. භාග්‍යවතුන් වහන්සේ මේ

අතීත කතාව ගෙනහැර දක්වා වදාළා.

"මහණෙනි, ගොඩාක් ඉස්සර කාලෙක බරණැස්පුරේ බ්‍රහ්මදත්ත නමින් රජ්ජුරු කෙනෙක් රාජ්‍ය විචාරමින් සිටියා. ඔය කාලේ මහා බෝධිසත්වයෝ එක්තරා නියම් ගමක බ්‍රාහ්මණ පවුලක උපන්නා. තක්සිලා ගොහින් ශිල්ප ශාස්ත්‍ර හදාරා ආවාට පස්සේ ගිහි ජීවිතයක් ගත කරන අදහස නැති වුණා. හිමාලයට ගොහින් ඍෂි පැවිද්දෙන් පැවිදි වුණා. හිමාලයේ එක්තරා පියුම් විලක් අසබඩ කුටියක වාසය කළා. දවසක් මේ තාපසයෝ විලට බැහැලා ලස්සනට පිපී ගිය නෙළුමක් අසල හිටගෙන ඒ මල් සුවඳ විඳිමින් සිටියා. එතකොට එක්තරා දෙව්දුවක් ගසක කඳක් අතරින් පෙනී සිට තාපසයන් සංවේගයට පත් කරවමින් මේ ගාථාව පැවසුවා.

(1)

ඕ හෝ හෝ... විලේ උපන් නෙළුම ඔබට
කවුරුවත් ම දුන්නෙත් නෑ ගන්ට කියා කීවෙත් නෑ
ඔබ කොහොමෙයි නුඹුන් මලක සුවඳ විඳින්නේ
දන්නවා ද නිදුකාණෙනි -
නුඹුන් මලක සුවඳ ගැන්ම සොරකමක ම කොටසක්
එනිසා ඔබ සුවඳ සොරෙක් වුණා නේද

එතකොට බෝධිසත්වයෝ ඒ දෙව්දුවට මේ ගාථාව පැවසුවා.

(2)

අනේ මේ නෙළුම මෙමා රැගෙන යන්නෙ නෑ -
නෙලා ගන්නෙ නෑ
මලට දුරින් සිටගෙන මෙහි සුවඳයි මා වින්දේ
ඔබ කොහොමෙයි කියන්නෙ මං සුවඳ හොරෙක් කියා

ඒ වේලාවේ ම තවත් මිනිසෙක් ඇවිත් විලට බැස්සා. නෙළුම් අල සාරන්ට පටන් ගත්තා. නෙළුම් මලුත් කඩන්ට පටන් ගත්තා. බෝධිසත්වයෝ ඒ දෙස බලා සිට දෙව්දුවට මෙහෙම කිව්වා. "බලන්ට, මං මලට ඈතින් සිටගෙනයි මලේ සුවඳ වින්දේ. ඒකට ඔබ කියනවා මං සුවඳ හොරෙක් කියා. එතකොට අර... අර මිනිසා නෙළුම් අලත් හාරනවා. මලුත් නෙලනවා. එයා කවුද? ඇයි ඒකට කිසිවක් නොකියන්නේ ?" කියා මේ ගාථාව පැවසුවා.

(3). නෙළුම් අල සාරන -
සුදු පියුම් නෙලන කෙනෙක් ඉන්නවා
ඔහු නම් කර්කශ දෙයක් කරනවා
එසේ නමුත් ඔහු හට නම්
සොරා කියා නොකියන්නේ කුමක් නිසාදෝ

බෝධිසත්වයන්ගේ වචනය ඇසූ දේවතාවා මේ ගාථාව පැවසුවා.

(4). කර්කශ දේ නිතර කරන නපුරු මිනිහ නම්
ළදරුවාගෙ කැත කුණු තැවරී ගිය -
කිරි මවගේ හැඳිවත වාගේ
හැම තිස්සෙම ඔහු ඉන්නේ කිලුටු වෙලා නේ
ඔහු ගැන මගේ කතා නෑ
නමුත් තොපට කියන්ට සුදුසුයි

(5). නිතරම සොඳ ගුණ දම් සොයනා -
දොසක් නොමැති මිනිසෙකුගේ
කෙස් ගසක තරම් පුංචි දොස වුණත් -
හොඳින් කැපී පේනවා
කළුවර මහ වලාකුළ වගේ
ආකාසේ ඇති ලස්සන එයින් නැසෙනවා

දේවතාවාගේ පිළිතුරු ගාථාවන් ඇසූ බෝධිසත්වයෝ මේ ගාථාවන් පැවසුවා.

(6). **සැබැවින් පින්වත් දෙවියනි -**
ඔබ මා හඳුනාගත්තා එහෙනම්
ඔබ එය මට කීවේ අනුකම්පාව නිසා ම යි
ආයෙත් වරදක් සිදු වුණොත් මා අතින්
ඔය අයුරින් මා හට අවවාද කළ මැන

එතකොට දෙව්දූ බෝධිසත්වයන්ට මේ ගාථාව පැවසුවා.

(7). **එම්බා තවුසාණෙනි මං -**
ඔබ හින්දා දිවි ගෙවනා කෙනෙක් නොවේ
ඒ වගේ ම මං ඔබගේ මෙහෙකරුවෙක් නොවේ
යම් කිසි පිළිවෙතක් නිසා -
ඔබ දෙව්ලොව උපදිනවා නම්
එය දැනගත යුතු මා නොව - ඔබ ම යි ඔබ ම යි

ඉතින් මහණෙනි, එදා ඒ දෙව්දූ ඔය විදිහට අවවාද කොට තමන්ගේ විමානයට ගියා. බෝධිසත්වයෝත් ධ්‍යාන උපදවාගෙන මරණින් මතු බඹලොව උපන්නා.

මෙය වදාළ භාග්‍යවතුන් වහන්සේ චතුරාර්ය සත්‍ය ධර්මය වදාළා. ඒ ධර්ම දේශනාව අවසානයේ ඒ භික්ෂුව සෝවාන් ඵලයට පත් වුණා. "මහණෙනි, එදා බෝධිසත්වයන්ට අවවාද කළ දෙව්දූ වෙලා සිටියේ උත්පලවණ්ණාවෝ. තාපසයා වෙලා සිටියේ මම" යි කියා භාග්‍යවතුන් වහන්සේ මේ ජාතකය නිමවා වදාළා.

08. විශ්වාස ජාතකය

සත්තු කා ඉතිරි වූ මස් අනුභව කළ තවුසන්ගේ කතාව

පින්වතුනේ, පින්වත් දරුවනේ,

අපි කවුරුත් තමන් ඉන්නා තැන ගැන සිතා බලා හැසිරීම නම් කළ යුතු ම දෙයක්. චෛත්‍යයක්, බෝධියක් වඳින්ට ගිය විට විහිළු කතා නොකියා ශාන්තව සංවරව හැසිරෙන්ට ඕනෑ. භික්ෂූන් වහන්සේලා ළඟදී සංවරව හැසිරෙන්ට ඕනෑ. යම් යම් අවස්ථාවල යෙදෙන වැදගත් වටපිටාවන් තුළ අපිත් වැදගත් අයුරින් හැසිරෙන්ට ඕනෑ. එවැනි තැන්වලදී බාල විදිහට හැසිරෙන්ට ගියොත් අපි කාටත් එය හොඳ නෑ. අපව ඇති දැඩි කළ මව්පිය වැඩිහිටියන්ටත් එය බලපානවා.

පැවිදි වුණාට පස්සෙත් එහෙම තමා. පැවිද්දන් හැටියට හැසිරිය යුතු යම් යම් සීමාවන් තියෙනවා. ඒවා දැන හැඳින කටයුතු කිරීම වැදගත් පැවිද්දෙකුගේ ලක්ෂණයයි. එය එහෙම නොවුනොත් අර්බුද හටගන්නවා. බුද්ධ කාලයේ පවා එබඳු දේ වුණා. මෙය එබඳු කතාවක්.

ඒ දිනවල අපගේ භාග්‍යවතුන් වහන්සේ වැඩ වාසය කොට වදාළේ සැවැත් නුවර පූර්වාරාමයේ. එදා පූර්වාරාමයේ භාග්‍යවතුන් වහන්සේ වැඩ සිටිද්දී භික්ෂූන්

වහන්සේලා හත් නමක් තමන්ගේ ශාස්තෘන් වහන්සේ නිශ්ශබ්දතාවයට කැමති බව දැන දැනත් පැවිද්ද සැහැල්ලුවට ගෙන හයියෙන් විහිළු තහළු කරමින් කෙළි සෙල්ලමින් සිටියා. ඒ භික්ෂූන්ට සිහිය උපදවාලීම පිණිස භාග්‍යවතුන් වහන්සේ මහාමොග්ගල්ලානයන් වහන්සේ ලවා ඉර්ධි බලයෙන් පූර්වාරාමය කම්පා කරවා ඒ භික්ෂූන්ව සංවේගයට පත් කරවා වදාළා.

මේ සිදුවීම ගැන දම්සභා මණ්ඩපයට රැස් වූ භික්ෂූන් වහන්සේලා මහත් සංවේගයෙන් කතා කරමින් සිටියා. "අනේ ඇවැත්නි බලන්ට, අපට හැමදාම භාග්‍යවතුන් වහන්සේගෙන් අප ලද අති දුර්ලභ වූ ක්ෂණ සම්පත්තිය ගැන අසන්ට ලැබෙනවා. අපට මිනිසත් බව ලැබුණා. අතිශයින් ම දුර්ලභ වූ ශාස්තෘ සම්පත්තිය ලැබුණා. සද්ධර්ම ශ්‍රවණය ලැබුණා. දුර්ලභ වූ පැවිදි බව ලැබුණා. බලන්ට, මේ සැම දෙයක් ම ලැබී තිබෙද්දී ඒවා ගණනකට නොගෙන මහණුන්නාන්සේලාට නොගැලපෙන අයුරින් හැසිරීම මොන තරම් අවාසනාවක් ද !"

ඒ අවස්ථාවේ අපගේ භාග්‍යවතුන් වහන්සේ එතැනට වැඩම කොට වදාළා. භික්ෂූන් වහන්සේලා තමන් කතා කරමින් සිටි කරුණ භාග්‍යවතුන් වහන්සේට සැලකොට සිටියා. භාග්‍යවතුන් වහන්සේ මෙසේ වදාළා.

"මහණෙනි, ඔය භික්ෂූන් තමන් කවුද, තමන් හැසිරිය යුත්තේ කෙසේද යන්න නොදැන කටයුතු කළේ මේ ආත්මේ විතරක් නොවේ. මීට කලින් ආත්මෙත් ඔය දුර්වලතාවෙන් යුක්තව සිටියා" කියා මේ අතීත කතාව ගෙනහැර දක්වා වදාළා.

"මහණෙනි, ගොඩාක් ඉස්සර කාලෙක බරණැස් පුරේ බ්‍රහ්මදත්ත නම් රජ්ජුරු කෙනෙක් රාජ්‍ය විචාරමින් සිටියා. ඔය කාලේ මහාබෝධිසත්වයෝ තව්තිසාවේ සක්දෙවිඳු තනතුරෙහි ඉපදී සිටියා. ඔය කාලේ කාසී රටට අයත් එක්තරා ගමක එකම පවුලේ සහෝදරවරු සත්දෙනෙක් සිටියා. මේ සත් දෙනා ම ගිහි ජීවිතයට කැමති වුණේ නෑ. පැවිදි වෙන්ට ආසා කළා. ගිහි ගෙදර අත්හැර ඍෂි පැවිද්දෙන් පැවිදි වුණා. මේධ්‍යාරණ්‍යයෙහි කුටි සෙනසුන් හදාගෙන වාසය කළා. නමුත් මොවුන්ට භාවනා කරන්ට ඕනෑකමක් තිබුණේ නෑ. ඇඟපත සවිශක්තිමත් කරගන්ටයි ඕනෑ වුණේ. ඔවුන් ඒ වෙනුවෙන් නොයෙක් කෙළි සෙල්ලම් කරමින් සිටියා.

දවසක් සක් දෙවිඳු මනුලොව බලද්දී තාපසින්නාන්සේලා සත් දෙනෙක් ගිහි ජීවිතය අත්හැර වනගත වෙලා ගත කරන මේ විකාර ජීවිතේ දැක්කා. දැකලා ඔවුන් වසන තැනට ඇවිත් වෘක්ෂයක ගිරවෙකු සේ පෙනී සිට ඔවුන්ට සංවේගය උපදවමින් මේ පළමු ගාථාව පැවසුවා.

(1)

අනුන් විසින් අනුභව කොට -
ඉතිරි වූ දෙයින් යැපෙනා
යම් පිරිසක් ඉන්නව නම් -
සැබෑවට ඔවුන් සැපෙනි ජීවත්වෙන්නේ
එබඳු අයට මෙලොවදී ම ලැබේ ය පැසසුම්
පරලොවදී ඒ අය දෙව්ලොව උපදින්නේ

එතකොට ඔවුන්ගෙන් එක්කෙනෙකුට බෝධිසත්වයන්ගේ වචනය අහන්ට ලැබුණා. එතකොට

ඔහු සිතුවේ ගිරවෙක් මිනිස් භාෂාවෙන් කතා කරනවා කියලයි. ඔහු අනිත් පිරිස අමතා මේ ගාථාව කිව්වා.

(2). පණ්ඩිතවරුනේ මේං ගහේ ඉන්න ගිරවෙක්
මිනිස් බසින් හරි අගේට කතා කරනවා
ඔහෙලට එය ඇසෙන්නෙ නැතිදෝ
මේ ගිරවා අපට යි පසසමින් සිටින්නේ
සොයුරනි මෙය සවන් යොමා අසාගනිල්ලා

එතකොට ගිරවා මේ තුන්වෙනි ගාථාව පැවසුවා.

(3)

සතුන් ඉතිරි කළ මස් කන මිනිසුනි -
මගේ වදන් හොඳින් අසාපන්
තොපට නම් නොවේ මං පසසමින් සිටින්නේ
මිනිසුන් කා ඉතිරි දෙයක් නොවේ තොප කන්නේ
සතුන් ඉඳුල් කළ දේ නොවැ තොප සැම කන්නේ

ගිරවාගේ වචන ඇසූ ඔවුන් මේ ගාථාවෙන් ගිරවාට පිළිතුරු දුන්නා.

(4). පැවිදි වෙලා සත්වසරක් අපට ගෙවෙනවා
හිස ජටා බැඳන් මේධ්‍යාරණ්‍යවාසයේ සිටිනවා
සත්තු කාල ඉතිරි මසින් අපි ය යැපෙන්නේ
භවතාගේ වදන අනුව අපි ය ගැරහිය යුත්තේ
භවත එසේ නම් ඔබ පසසන්නෙ කාටදෝ

එතකොට ගිරවා ඔවුන්ට මෙහෙම කිව්වා. "හෝ... සත් අවුරුද්දක කාලයක් ම ඔහේලා මේ වනේට ඇවිත් කරලා තියෙන්නේ සිංහ ව්‍යාඝ්‍රාදී වල් සතුන් කා ඉතිරි වූ මස් කකා හිටිය එක ද? එහෙම ඉන්න ඔහේලා

පසසන්නෙ කවුද?" කියා ලැජ්ජාවට පත් කරවමින් මේ ගාථාව පැවසුවා.

(5). සිංහ ව්‍යාඝ්‍රාදී වල් සත්තු -
කාල ඉතිරි වුණ දෙයින්
තොපි යැපෙමින් ඉන්න නිසා හිතාන ඉන්නේ
අනුන් ඉඳුල් කළ දේ අනුභව කරනා -
හැබෑ තවුසො කියලදෝ

ගිරවාගේ මේ කතාව ඇසූ ඔවුන් ගිරවාගෙන් ප්‍රශ්න කළා. "එතකොට භවත, අපි අනුන් ඉඳුල් කළ දේ කන අය නොවේ නම්, අනුන් ඉඳුල් කළ දේ කන අය කවුද?" එතකොට ගිරවා මේ ගාථාවෙන් ඔවුන්ට පිළිතුරු දුන්නා.

(6). යමෙක් ලොවේ පළමු කොටස -
ශ්‍රමණයෙකුට හෝ බමුණෙකුට හෝ
වෙනත් යාචකයෙකුට හෝ දුන්නට පස්සේ -
ඉතිරි කොටස තමුන් කනව නම්
ඔවුන් හටයි කියන්නේ -
අනුන් කා ඉතිරි වූ දේ කන අය කියලා

මෙසේ පැවසූ බෝධිසත්වයෝ ඔවුන්ට සංවේගය උපදවා එතැනින් නොපෙනී ගියා.

මෙය වදාළ භාග්‍යවතුන් වහන්සේ චතුරාර්ය සත්‍ය ධර්මය වදාළා. "මහණෙනි, එදා පැවිදිව කෙළි සෙල්ලමෙන් ගත කළ සහෝදරවරු සත්දෙනාව සිටියේ මේ දැනුත් කෙළි සෙල්ලමින් පසු වූ භික්ෂු පිරිසයි. සක් දෙවිඳුව සිටියේ මම" යි කියා භාග්‍යවතුන් වහන්සේ මේ ජාතකය නිමවා වදාළා.

09. වට්ටක ජාතකය

අධික ලෙස ආහාරයට ලොල් වූ භික්ෂුවක් ගැන කතාව

පින්වතුනේ, පින්වත් දරුවනේ,

කන බොන දෙයට ඕනෑවට වඩා ගිජු වීම නරක දෙයක්. තමන්ගේ නිරෝගීකමට බාධා පමුණුවන ආහාර ගැනීම නිසා අද පවා බොහෝ අය රෝගපීඩාවලින් දුක් විඳිනවා. ඇතැම් දරුවන් අධික පැණි රසට ලොල් වීම නිසා කුඩා අවදියේ ම රෝගීන් වෙනවා. ඒ නිසා ආහාරයට ගිජු වීම හොඳ දෙයක් නොවේ. මෙය එබඳු කතාවක්.

ඒ දිනවල අපගේ භාග්‍යවතුන් වහන්සේ වැඩ වාසය කොට වදාළේ සැවැත් නුවර ජේතවනයේ. ඔය කාලයේ ජේතවනයේ පැවිදිව සිටි භික්ෂුවක් අධික ලෙස භෝජනයට ලොල් වී සිටියා. පමණ නොදැන ආහාර ගැනීම නිසා මේ භික්ෂුවගේ දැඩි ගිජු බව කැපී පෙනුනා. එතකොට වැඩිහිටි භික්ෂූන් වහන්සේලා ආහාරයේ පමණ දැන වැළඳීම ගැන භාග්‍යවතුන් වහන්සේ වදාළ දහම පෙන්වා දෙමින් ඒ භික්ෂුවට අවවාද කළත් ඔහුගේ අධික රස තෘෂ්ණාව අත්හැර ගත්තේ නෑ. අන්තිමේදී භික්ෂූන් වහන්සේලා මෙකරුණ භාග්‍යවතුන් වහන්සේට සැලකළා. භාග්‍යවතුන් වහන්සේ ඒ භික්ෂුව කැඳවා මෙසේ අසා

වදාළා. "හැබෑද භික්ෂුව, ඔබ අධික ආහාර ලෝලතාවෙන් යුතු අයෙක් ද?"

"එහෙමයි ස්වාමීනී."

"භික්ෂුව ඔබ ආහාරයට ඇති ගිජුකම අත්හැර ගන්ට. කලින් ආත්මෙකත් ඔබ ආහාර ලෝලියෙක්. අධික ආහාර ගිජුකම නිසා බරණැස ඇතුන්ගේ, අශ්වයන්ගේ, ගවයන්ගේ මළකුණු කාලා කාලා එයිනුත් තෘප්තියට පත් නොවී මීට වඩා හොඳ රසවත් කෑම සොයා ගන්ට ඕනෑ කියා වනගත වුණා" කියා මේ අතීත කතාව ගෙනහැර දක්වා වදාළා.

"මහණෙනි, ගොඩාක් ඉස්සර කාලෙක බරණැස්පුරේ බ්‍රහ්මදත්ත නමින් රජ්ජුරු කෙනෙක් රාජ්‍ය විචාරමින් සිටියා. ඔය කාලේ මහා බෝධිසත්වයෝ වටුකුරුළු යෝනියේ උපන්නා. වනාන්තරයේ නීරස වූ තෘණබීජ ආහාර අනුභව කරමින් වාසය කළා. ඔය කාලේ බරණැස සිටිය ආහාරයට දැඩි ගිජුකමක් දැක්වූ එක්තරා කපුටෙක් මෙහෙම සිතුවා. 'මං මෙහෙ ඉඳන් කොයි තරම් ඇත් අස් ආදී සතුන්ගේ කුණු මස් කෑවත් වැඩක් නෑ. වනාන්තරේකට ගියොත් රසවත් පලතුරු වර්ග කන්ට පුළුවන් වේවි' කියා බෝසත් වටුකුරුල්ලා සිටි වනාන්තරේට පියාඹා ආවා. එහිදී කපුටාට මේ වටුකුරුල්ලාව දකින්ට ලැබුණා.

'ෂාහ්... මේ වටු කුරුල්ලාගේ ලස්සන. හොඳ හැඩට මහත සිරුරක් ඇතිව තරබාරුව ඉන්නවා නොවැ. රසවත් කෑම බීම කන්ට ලැබෙනවා ඇති. මුන්දැ කන්නේ මක්කදැයි කියා මාත් අසා දැනගෙන ඒවා කන්ට ඕනෑ. එතකොට මාත් තරබාරුවට හැඩට ඇඟපත පිරිලා

ලස්සන වේවි' කියා සිතා බෝධිසත්වයන් සිටි තැනට උඩින් ගසක අත්තක වසා මෙහෙම ඇසුවා.

"හෝ... භවත් වටුකුරුල්ල. ඔහේ හොඳ හැඩට තරබාරුවට ඉන්නවා නොවැ. හැබෑට ඔහේ මොන වාගේ ප්‍රණීත කෑම්බීම් ද අනුභවයට ගන්නේ?"

එතකොට බෝධිසත්වයෝ කපුටා ඇසූ කාරණයට පිළිතුරු වශයෙන් මේ ගාථාව පැවසුවා.

(1)

අනේ කපුටු මාමෙ -
ඔයැයි නෙ රස අහර ඉතින් හොඳ හැටියට කන්නේ
මිහිරි ගිතෙල් හා තලතෙල් - ඔයැයි අහරට ගන්නේ
එහෙත් අනේ ඇයි ද ඔයා - කටු ගැහිලා ඉන්නේ

එතකොට කපුටා මේ ගාථාවලින් පිළිතුරු දුන්නා.

(2). සතුරු පිරිස් මැද නොවැ මට -
කෑම සොයා ගන්ට වෙලා තියෙන්නේ
නිතරම තැති ගන්න සිතින් ඉන්න නිසා
තරබාරු ඇඟක් කොහිද කපුටෙකුට

(3)

තැති ගන්නා සිතින් ම නොවැ -
නිතරම කපුටො සිටින්නේ
මිනිසුන් සතු කෑම සොරා කන නිසා
පාපෙන් ලැබෙනා අහරින් කිසි සතුටක් ඇති නොවේ
වටුකුරුල්ලො ඒකයි අපි කෙට්ටුවෙලා ඉන්නේ

(4)

නීරස වූ ඕජා නැති තණ ඇට නොවැ -
වටුවො ඔයා කෑමට ගන්නේ

එහෙත් හොඳට මස් වැඩිලා -
හරි අගේට නොවෙද සිටින්නේ
ඔහේ ඔහොම හැඩට ඉන්න - රහස කියාපන්නේ

එතකොට වටුකුරුල්ලා තමන් කෙට්ටු නැති පිරුණු ඇඟකින් ඉන්න කරුණ ගැන කපුටාට මේ ගාථාවන්ගෙන් පැවසුවා.

(5)

එහෙනම් කපුටෝ හොඳ හැටි මෙය අහපන්නේ
කෑම බීම ගැන මට ලොකු ආසාවක් නෑ
ඒ ගැන මං ඕනෑවට වැඩිය හිතන්නෑ
ඒ වගේම ඈතට යන ගමන් බිමන් නෑ
එදිනෙදාට ලැබෙන දෙයින් යැපී ඉන්නවා
ඒකයි මයෙ ඇඟපත තරවෙලා තියෙන්නේ

(6)

යම් කෙනෙකුට ආසාවන් අඩුව තියේ නම්
වැඩිපුර නොසිතා සැපසේ කෑම ගනී නම්
තමන් ගන්න කෑම වේලෙ පමණ දනී නම්
සැපෙන් යුතුව දිවි පැවැත්ම ඔහු ය ගෙවන්නේ

මෙය වදාළ භාග්‍යවතුන් වහන්සේ චතුරාර්ය සත්‍ය ධර්මය වදාළා. ඒ ධර්ම දේශනාව අවසානයේ ආහරලෝලීව සිටි භික්ෂුව සෝවාන් ඵලයට පත් වුණා. "මහණෙනි, එදා කපුටා වෙලා සිටියේ මේ කෑමට ගිජුව උන් භික්ෂුවයි. වටු කුරුල්ලාව සිටියේ මම" යි කියා භාග්‍යවතුන් වහන්සේ මේ ජාතකය නිමවා වදාළා.

10. කාක ජාතකය

ආහාරයට ගිජුකම නිසා වැනසී ගිය කපුටාගේ කතාව

පින්වතුනේ, පින්වත් දරුවනේ,

මෙයත් කලින් වගේම ආහාරයට ගිජු වීමේ ඇති නරක විපාක ගැන කියැවෙන කතාවක්.

ඒ දිනවල අපගේ භාග්‍යවතුන් වහන්සේ වැඩ වාසය කොට වදාළේ සැවැත් නුවර ජේතවනයේ. ඔය කාලේ සැවැත් නුවර වාසය කළ භික්ෂුවක් අධික ලෙස ආහාරයට ගිජු වී සිටියා. භික්ෂූන් වහන්සේලා ඒ ගැන නොයෙක් අයුරින් ඔහුට අවවාද කළා. නමුත් ඔහුට තමන්ගේ මේ අධික ආහාර ගිජුකම අත්හැරගන්ට බැරි වුණා. එතකොට භික්ෂූන් වහන්සේලා භාග්‍යවතුන් වහන්සේ වෙතට ඒ භික්ෂුව කැඳවාගෙන ගොස් මෙකරුණ සැලකළා. භාග්‍යවතුන් වහන්සේ ඒ භික්ෂුවගෙන් මෙසේ අසා වදාළා.

"හැබෑද භික්ෂුව, ඔබ ආහාරයට අධික ගිජුකමක් දක්වනවා ද?"

"එහෙමයි ස්වාමීනී."

"භික්ෂුව, ඔබ අධික ලෙස ආහාරයට ගිජුව සිටියේ මේ ආත්මයේ විතරක් නොවේ. කලින් ආත්මෙකත් ඔය

පුරුද්ද ම යි තිබුණේ. ඒ නිසා ම දුක් විඳලා මැරෙන්ට සිදු වුණා" කියා මේ අතීත කතාව ගෙනහැර දක්වා වදාළා.

"මහණෙනි, ගොඩාක් ඉස්සර කාලෙක බරණැස්පුරේ බ්‍රහ්මදත්ත නමින් රජ්ජුරු කෙනෙක් රාජ්‍ය විචාරමින් සිටියා. ඔය කාලේ මහා බෝධිසත්වයෝ පරෙවියෙක් වෙලා ඉපදිලා උන්නා. බරණැස සිටුතුමාගේ කුස්සිය භාරව උන් අරක්කැමියා මේ පරෙවියාට ඉන්ට කියා තණකොළ දමා කූඩුවක් හදා දුන්නා. පරෙවියා උදේම ගොදුරු සොයන්ට ගොහින් සවස් වෙද්දී ඇවිත් ඔය කූඩුවේ ලගිනවා.

දවසක් ඒ කුස්සිය ළඟින් කපුටෙක් පියාඹා යද්දී එහි මේසයක් උඩ මස් මාළු තියෙනවා දැක්කා. එතකොට කපුටාට ඒවා හොරා කන්ට ආසාවක් උපන්නා. තවත් විපරමින් බලද්දී ඒ කුස්සියෙන් පරෙවියෙක් පියාඹා යනවා දැක්කා. මේ පරෙවියා පස්සේ ගිය කපුටා පරෙවියාත් සමඟ මිත්‍රත්වයක් ඇති කරගත්තා. පරෙවියා ආපසු කුස්සියට එද්දී කපුටාත් ඔහු පස්සෙන් ම කුස්සියට ආවා. පරෙවියාට අළුත් මිතුරෙක් ලැබුණා ය කියා අනුකම්පා කොට අරක්කැමියා කපුටාටත් කූඩුවක් සාදා දුන්නා.

දවසක් මේ කුස්සියට භෝජන සැකසීමට සෑහෙන්ට මස් මාළු ලැබුණා. කපුටා එදා නං හිතුවේ කොහෝම හරි මස් මාළු ටිකක් කනවා ම යි කියලා. ඉතින් එදා පරෙවියා ගොදුරු සොයා යද්දී තමන්ට ආහාර අජීර්ණයක් වෙලා ය කියා කපුටා නොගිහින් කුස්සියේ කූඩුවේ ම රැඳී හිටියා. මස් මාළු පිස දැමූ අරක්කැමියා ඒවා නිවෙන්ට ඒවායේ වැහුම් හැර තමාත් දහඩිය නිවා ගැනීමට කුස්සියෙන් එළියට ආවා. ඔය අතරේ කපුටා

වටපිට බලා කවුරුවත් නැති නිසා ඇවිත් මස් වළඳේ කෙළවරේ වැහුවා. එතකොට වළං එකිනෙකට ගැටී හඬ නැගුනා විතරයි අරක්කැමියා දුවගෙන ඇවිත් කපුටාව දෑතින් ම මිරිකා අල්ලා ගත්තා. කපුටාගේ හිස මත විතරක් කුඩුම්බියක් වගේ ඉතිරි කොට මුළු ඇඟේම තටු ගලවා ලුණු මිරිස් තලියක් උලා ඇඟපත තලා මූඩියක් විදලා එය නූලකින් අමුණා බෙල්ලේ පළඳා කූඩුවට වීසි කළා. පරෙවියා ඇවිත් බලද්දී කපුටා මහත් සේ අසරණව කෙඳිරි ගගා ඉන්නවා. හොරා කන්ට ගොහින් කරගත් දේ ගැන උපහාස කරමින් පරෙවියා කපුටාට මේ ගාථාව පැවසුවා.

(1)

හෝ... මේ ගෙලේ මැණිකකුත් -
එල්ලාගෙන සිටින මිතුරෙක් නේ
කලකට පස්සෙයි ඔහේව දැකගන්නට ලැබුණේ
හොඳ හැටියට රැවුල කපා ඇති නිසා
වෙනදාට වඩා මයෙ යාළුවා හැඩට පේනවා

එය ඇසූ කපුටා පරෙවියාට මේ ගාථාව පැවසුවා.

(2)

අනේ අපට තියෙනව නොවැ බොහෝ රාජකාරී
එනිසා කිසිලිවලත් ලොම් වැවුනා -
නියපොතු හිට වැවුනා
කලකට පස්සේ කරණවෑමියෙකුත් ලැබුණා නොවැ
ඒකාට කියා එනිසයි මේවා බා ගත්තේ

එතකොට පරෙවියා මේ තුන්වෙනි ගාථාව පැවසුවා.

(3). කලකට පසු ලැබුණ කරණවෑමියා ලවා
ලොම් ටික බා ගත් එක කම් නැතෙයි කියමුකෝ
එතකොට යහළුව තොපගේ බෙල්ලේ තියෙනා
කුමකින්දෝ කිණි කිණි යන නාදෙ ඇසෙන්නේ

එය ඇසූ කපුටා ලැජ්ජාවට පත්ව මේ ගාථාවන්ගෙන් පරෙවියාට පිළිතුරු දුන්නා.

(4). සැපට හැදුණු මිනිසුන්නේ ගෙලේ -
මෙලෙස මැණික් තියෙනව එල්ලී
ඒ විදිහට මාත් ඔවුන් අනුගමනය කළානෙ මල්ලී
මං මේ දේ සෙල්ලමකට කළා කියා
නුඹ විතරක් හිතන්ටෙපා

(5). ඉතින් මිතුර මේ වගේ ඉන්ට ආස නම් ඔහේ
මං වාගෙ ම හැඩට රැවුල් බා
මං එය කරවා දෙන්නම්
බෙල්ලේ මා එල්ලා ඇති - මේ මැණිකත් දෙන්නම්

එතකොට පරෙවියා මේ ගාථාවෙන් පිළිතුරු දුන්නා.

(6). හනේ හනේ තොප ම යි ඔය මැණිකට සුදුසු
හැඩට රැවුල් බා ගන්නට තොප ම යි සුදුසු
තොපව නැවත දැක ගන්නට මට ප්‍රියක් නැතේ
පවසා මෙය තොප හට මං යනව වෙන අතේ

කියා පරෙවියා ඒ පළාත අත්හැර ගියා. කපුටා එතැන ම සිටියදී මැරී ගියා.

මෙය වදාළ භාග්‍යවතුන් වහන්සේ චතුරාර්ය සත්‍ය ධර්මය වදාළා. ඒ ධර්ම දේශනාව අවසානයේ ආහාරයට

දැඩිව ගිජුව සිටි භික්ෂුව අනාගාමී ඵලයට පත් වුණා. "මහණෙනි, එදා කෑමට ලොල් කපුටාව සිටියේ මේ භික්ෂුව. පරෙවියාව සිටියේ මම" යි කියා භාග්‍යවතුන් වහන්සේ මේ ජාතකය නිමවා වදාළා.

දෙවැනි සේනක වර්ගය යි.

සවැනි නිපාතය අවසන් විය.

මහාමේඝ ප්‍රකාශන

19. මහධන සිටුපුත්‍රයා
20. අනේපිඬු සිටුතුමා
21. නන්ද මහරහතන් වහන්සේ
22. මණිකාර කුළුපග තිස්ස තෙරණුවෝ
23. විශාඛා මහෝපාසිකාව
24. පතිපූජිකාව
25. සිරිගුත්ත සහ ගරහදින්න
26. මහාකස්සප මහරහතන් වහන්සේ
27. අහෝ දෙව්දත් නොදිටි මොක්පුර
28. භාගිනෙය්‍ය සංඝරක්ඛිත මහරහතන් වහන්සේ
29. උදලු කෙටිය
30. සාමාවතී සහ මාගන්දියා
31. සිරිමා
32. බිළාලපාදක සිටුතුමා
33. මඝවා නම් වූ සක්දෙවිඳු
34. ආනන්දය, සර්පයා දුටුවෙහි ද?
35. සුදොවුන් නිරිඳු
36. සුමනා දේවිය
37. නමෝ බුද්ධාය
38. චෝරඝාතක
39. සිදුරු පහේ ගෙදර
40. අග්ගිදත්ත බ්‍රාහ්මණයා

- **ඉංග්‍රීසි භාෂාවට පරිවර්තනය වී ඇති ධර්ම දේශනා ග්‍රන්ථ :**

01. Mahamevnawa Pali-English Paritta Chanting Book
02. The Wise Shall Realize
03. The life of Buddha for children
04. Buddhism

- **ඉංග්‍රීසි භාෂාවට පරිවර්තනය වී ඇති සූත්‍ර දේශනා ග්‍රන්ථ :**

01. Stories of Ghosts
02. Stories of Heavenly Mansions
03. Stories of Sakka, Lord of Gods
04. Stories of Brahmas
05. The Voice of Enlightened Monks
06. The Voice of Enlightened Nuns
07. What Does the Buddha Really Teach? (Dhammapada)
08. What Happens After Death - Buddha Answers
09. This Was Said by the Buddha
10. Pali and English Maha Satipatthana Sutta

- **ඉංග්‍රීසි භාෂාවට පරිවර්තනය වී ඇති සදහම් සිතුවම් පොත් :**

01. Chaththa Manawaka
02. The Great Arhant Bahiya Darucheeriya
03. The Great Arhant Pindola Bharadvaja
04. Sumana the Novice monk
05. The Great Arahath Bikkhuni Ambapali
06. The Great Arahant Rattapala
07. Stingy Kosiya of Town Sakkara
08. Kisagothami
09. Sumana The Florist
10. Kali She-devil
11. Ayuwaddana Kumaraya
12. The Banker Anathapindika
13. The Great Disciple Visākhā
14. Siriguththa and Garahadinna

www.ingramcontent.com/pod-product-compliance
Lightning Source LLC
Chambersburg PA
CBHW070550030426
42337CB00016B/2432
* 9 7 8 9 5 5 6 8 7 1 6 7 8 *